Wilhelm Johnen

Die Angst des Mannes vor der starken Frau

Wilhelm Johnen

Die Angst des Mannes vor der starken Frau

Einsichten in Männerseelen

Wolfgang Krüger Verlag

Umschlaggestaltung: Buchholz/Hinsch/Walch
Gesamtherstellung: Wagner GmbH, Nördlingen
Printed in Germany 1992
ISBN 3-8105-0907-8

Inhalt

»Jede Kultur hält es für nötig, den an sich schwachen und zur Resignation neigenden Männern gewaltsam eine ›progressive‹ Verhaltensnorm aufzuzwingen.«

Maya Nadig

Vorwort

Der traditionellen Männlichkeit steht das Schicksal der Dinosaurier bevor. Ein neuer Typ Mann, dessen Fühlen und Handeln stärker an Emotionen und weniger an Vorstellungen von Macht und Härte orientiert ist, wird den Lebensstil und das Miteinander unserer Zukunft prägen.

Traditionelle Männlichkeit ist kaum mehr als die schmerzliche Reaktion einer verletzten Jungenseele auf eine im Kern körperfeindliche und fordernde Erziehung, die dem Jungen suggeriert, daß er nur dann geliebt wird, wenn er Schmerzen, körperliche und seelische, ohne größere Regungen wegsteckt. Männer sollen Helden sein und das Leben als Einzelkämpfer meistern. Der Mann steht vor einem Berg von Ansprüchen an seine Stärke, sein Stehvermögen, seine Durchsetzungskraft.

Dieser Leistungsdruck ängstigt Männer. Er macht eine absolute Mehrheit von ihnen zu Verlierern, denn erfolgreich im männlichen Sinn können nur sehr wenige sein. Die Verlierer suchen einen Ausgleich, indem sie über Frauen, Kinder oder Untergebene herrschen wollen. Ihre versteckten Ängste und ihre Verzweiflung, den Erwartungen von Eltern, Umwelt und Frauen nicht gerecht zu werden, lassen sie aggressiv werden und treiben sie weiter in ihre männliche Isolation, in einen Teufelskreis von Versagensängsten.

Härte, gegen sich selbst und andere, halten Männer für eine Tugend, ihre Gefühle dagegen für eine Fata Morgana, der sie nicht trauen dürfen. Die tief im Inneren eingeschlossenen

Wünsche nach Geborgenheit und Schutz verkehren sich ins Gegenteil. Verletzt und letztlich leidend werden sie zu dem, was wir heute männlich nennen. Männer sitzen in einem Käfig, solange sie nicht lernen, sich zu öffnen und sich anderen anzuvertrauen.

Frauen machen Männern Angst, denn Frauen öffnen ihre Innenwelt. Sie geben ihre Ängste, ihre Unsicherheit, ihre Gefühle zu erkennen – das macht sie stark. Frauen vertrauen ihren Empfindungen und wollen Nähe zum Gegenüber herstellen – das bedroht Männer, denn sie wollen weder als Blender noch als zarte Seele entlarvt werden.

Ein Ausweg ist eine jüngere, eine unterlegene oder materiell abhängige Partnerin. In dieser zweifelhaften Überlegenheit kann die klassische Männerrolle zumindest begrenzt aufrechterhalten werden. – Eine Frau, die IHM gewachsen ist, die sich ihm ebenbürtig fühlt und das auch zeigt, die verschreckt ihn. Vor solchen Frauen flüchtet Mann. Sie könnten ihn beeinflussen und ihn zu Einsichten locken, die ihn zwingen könnten, sein ganzes Weltbild zu überdenken.

Doch Männer behaupten weiterhin, daß sie Frauen überlegen sind. Sie betrachten ihre männliche Aggression als Beweis. Daß Aggression ein Produkt von Angst ist, vergessen Männer allzugern. Daß ihre vermeintliche Stärke nicht viel mehr ist als ein Versuch, den seelischen Nöten und der Isolation zu entkommen, bleibt verborgen. Männer verdrängen, daß sie in ihrem Inneren zögerlich und unsicher sind, und fürchten, daß eine starke Frau sie durchschaut. Sie verschließen ihr Inneres vor Frauen und anderen Männern und verlieren damit auch ihre Fähigkeit, andere Menschen realistisch zu erfahren.

Männer nehmen Frauen sehr begrenzt wahr. Sie haben sich in einem Bild verfangen, das mit den realen Frauen, auf die sie ihre verzerrte Wahrnehmung projizieren, wenig zu tun hat. Zwei sehr widersprüchliche Klischees bestimmen die männlichen Vorstellungen: SIE soll Hure und Heilige zugleich sein. Die Heilige soll IHM ein seelisches Refugium eröffnen, in

dem er sich vom täglichen Kleinkrieg und seinen Lebensängsten frei fühlen kann. Die Hure soll seine Lüste wecken und befriedigen, ihm den Sinnenrausch vermitteln, den er glaubt durch sein hartes Leben draußen verdient zu haben.
Ein unsicherer Mann, der weder sich noch seine Umwelt realistisch einschätzen kann, braucht die Unterlegenheit der Frau, um seinen versteckten Selbstzweifeln zu entkommen. Hört eine Frau auf, dem Mann Signale ihrer Unterwerfung zu übermitteln, erlebt er sie als stark und bedrohlich. Sein männliches Modell gerät in Gefahr.
Frauen sind Männern emotional überlegen. Ihren kooperativen, auf Gemeinsamkeit ausgerichteten Strategien gehört die Zukunft. Männer werden sich ändern müssen, wollen sie nicht ins Hintertreffen geraten.

1
Die Männlichkeitsfalle
Männer, Frauen, Angst und Stärke

Ein Mann Mitte Dreißig steht vor einer Frau gleichen Alters. Ein Gefühl von Angst hat ihn überrascht. Beide sind Teilnehmer eines Seminars. Sie sieht ihn freundlich an, er wendet verlegen den Blick. Sie stehen voreinander, denn er wollte herausfinden, was genau in ihm vorgeht, wenn er auf eine Frau zugeht, die er nicht gut kennt.

Ich hatte ihm vorgeschlagen, auf *die* Frau der Gruppe zuzugehen, die ihn am stärksten interessiert. Er war aufgestanden und hatte Kathrin gesagt, daß er das Experiment gern mit ihr machen würde. Und sie hatte zugestimmt. Kaum drei Schritte gegangen, ist Eric deutlich verunsichert.

Normalerweise war Eric weder schüchtern noch kontaktscheu. Doch in diesem Augenblick, so klar auf seine Wahrnehmung konzentriert, spürte er, welches Gefühl er schon in vielen vergleichbaren Situationen immer wieder herunterschlucken mußte. – »Genau das passiert mir *immer*. Ich wurschtele mich zwar durch, und wahrscheinlich merkt keiner, was los ist. Aber ich hab' Schiß. Irgendwas in mir will einfach wegrennen, bloß raus aus dieser Situation.« Er sieht Kathrin an, ist immer noch verlegen, kratzt sich am Hinterkopf und gesteht ihr: »Ich glaub', ich bin zu feige.«

Solche und ähnliche Erlebnisse liegen diesem Buch zugrunde. Männer beginnen Gefühle ernst zu nehmen, und sie schaffen den Sprung, offen über das zu reden, was sie bewegt. Diese Männer haben es mir ermöglicht, klarer zu erkennen, in welchen Nöten sie mit sich – und mit Frauen – oft stecken.

Männer fürchten sich vor Frauen. Viel stärker und mit viel weitreichenderen Auswirkungen, als Frauen (und Männer) es sich vorstellen. In den Sitzungen mit Männern und in den Gruppen, die ich leitete, ist mir wahrscheinlich nur die Spitze des Problembergs zwischen Männern und Frauen begegnet. Selbst wenn ich vorsichtig schätze, vermute ich, daß mehr als die Hälfte der Männer in Europa und Nordamerika erhebliche Schwierigkeiten mit Frauen hat, die mit der Klassifizierung »Angst« richtig beschrieben sind.

Was ist Angst? In erster Linie ein Zustand von Verunsicherung, den wir heftig wahrnehmen. Wir wollen weglaufen, beginnen zu zittern, bekommen einen trockenen Mund oder erleben eine unangenehme körperliche Spannung. Dazu zählt auch die Erwartung solcher Gefühle, und, wie immer beim Menschen, ihre Verdrängung.

Angst hat eine Vielzahl von Synonymen: Furcht, Unsicherheit, Scheu, Panik, Irritation, Beklemmung, Vermeidung. Die Nuancen verschieben sich, letztlich gemeint ist immer »Angst« oder die Erwartung von Angst. So verwende ich den Begriff auch in diesem Buch.*

Zurück zu den Männern. Der Gedanke, Männer könnten Angst vor Frauen haben, wirkt für viele neu und irritierend, wenn er nicht gleich als absurd abgetan wird. Offensichtlich und klar erkennbar ist dieses Phänomen sicher nicht. Auch daß Männer bei starken Frauen – Frauen, denen sie sich insgeheim unterlegen fühlen – ganz besondere Schwierigkeiten haben, wird meist verdrängt. Ein Klient berichtete mir von einer besonders fähigen Frau in seiner Abteilung. Anstatt sie mit besonders kniffligen Aufgaben zu betrauen, gängelte er sie

* Die Wissenschaft unterschied anfänglich »Furcht« und »Angst«. Furcht war die »Erwartung von Angst«, und Angst beschrieb das konkrete Erleben. Die Grenzen waren aber fließend. Heute werden die Begriffe fast synonym verwandt. Ein weiterer heute gebräuchlicher Begriff lautet »Angstbereitschaft«. Er erklärt die generelle Gewohnheit, auf Situationen mit Angst zu reagieren.

mit stupider Routine und kritisierte sie ständig öffentlich. »Ich hatte Angst, sie könnte mich verdrängen.« Er hatte eine weibliche Vorgesetzte und fürchtete kaltgestellt zu werden, wenn die Qualitäten seiner Mitarbeiterin deutlich würden. Die Sorge, verdrängt zu werden, war ein Aspekt. Im Kern fürchtete er die offene Auseinandersetzung mit dieser Frau. Er hatte Angst, daß er der Unterlegene sein könnte.

Das ist kaum verwunderlich. In unserer Kultur wird Angst oder Unsicherheit als etwas Negatives begriffen, beides gilt als eine Minderung unserer Integrität und unseres Ansehens. Deshalb sind die meisten froh, daß Unsicherheit selten an ihrem Gesicht abzulesen ist. Ebenso können wir einem Menschen Angst vor Krankheit oder Angst vor der Enge eines Fahrstuhls nicht ohne weiteres ansehen. Wir erkennen sie bestenfalls, wenn wir jemanden in einer Situation, die ihn ängstigt, direkt beobachten. Aber auch das ist nicht gewiß.

Männerangst umspannt einen weiten Bereich und bleibt dennoch fast überall verborgen. Die Angst des plumpen »Anmachers«, wer vermutet sie? In den weitaus meisten Fällen würde er schreckensbleich das Weite suchen, ginge eine Frau auf sein Angebot ein. Er rechnet mit einer Abweisung, er sucht sie, fordert sie regelrecht heraus. Die Provokation schützt ihn vor Frauen, denn vor Nähe hat er panische Angst. Seine Entgleisungen halten Frauen auf Distanz. Er kann mit großer Wahrscheinlichkeit davon ausgehen: Ein Entgegenkommen der Frau – nach einer solchen Attacke – ist fast unmöglich.

Selten wird die Angst eines Mannes erkannt oder ernstlich in Betracht gezogen, wenn es darum geht, sein Verhalten zu verstehen. Und kaum ein Mann gesteht ohne Not offen ein, daß er etwas so Unmännliches wie Angst kennt. Angst ist ein männliches Tabu.

Nun hilft es einem ängstlichen Mann wenig, seine Angst zum Tabu zu erklären. Er wird versuchen, eine Strategie zu entwickeln, um mit der Angst umzugehen. Und für die weitaus meisten Männer beginnt die Strategie gegen Angst mit Verleugnung. Angst wird möglichst versteckt oder kaschiert. Denn Männer haben einen Ruf zu verlieren. Immerhin nehmen sie für sich in Anspruch, das starke Geschlecht zu sein. Und Angst paßt ganz und gar nicht zu Stärke.

Männliche Strategien gegen Angst

Männer müssen also etwas gegen ihre Angst tun. Bei ihren Strategien stehen zwei Methoden im Vordergrund.
Erstens vermeiden Männer *Situationen*, in denen sie Angst spüren könnten. Und sie setzen viel daran, auch dieses Vermeiden zu verheimlichen, denn ebenso wie Angst gilt auch Flucht als unmännlich. Viele Männer verhindern es zum Beispiel, mit einer außergewöhnlich attraktiven Frau allein zu sein. Eine solche Situation könnte sie verlegen machen. Sie vermeiden es ebenso, mit einem Menschen, den sie nicht gut kennen, allein an einem Tisch zu sitzen (zum Beispiel in einem Café). Läßt es sich schlecht vermeiden, dient eine Zeitung oder mitgebrachte Arbeit als Barriere. Ein Gespräch mit einem völlig Fremden ist peinlich. Sie wissen nicht, worüber sie reden sollen. Eine Unterhaltung zu beginnen ist ihnen unangenehm, und solche Versuche wirken meist verkrampft.
Zweitens versuchen Männer bestimmte *Themen* zu vermeiden. Beispielsweise sprechen Männer, die sich nicht gut kennen, sehr selten über das eigene Einkommen, sie vermeiden die Niederlage, derjenige mit dem geringeren Gehalt zu sein. Genauso verhindern Männer generell Themen, die sie selbst oder andere in die Nähe von Emotionen bringen könnten. Sie weichen Traurigem und Anrührendem gleichermaßen aus. Männer können nur schlecht beschreiben, was sie bedrückt oder traurig macht. Und selbst wenn das Glück ihnen ins Gesicht geschrieben steht, fällt es ihnen oft noch schwer, es ohne

gestelzte oder abgegriffene Floskeln zu beschreiben. Kein rhetorischer Mangel, sondern die Scheu vor Emotionalem bestimmt ihre Phrasen. Männer wissen um diese Defizite, und sie übergehen darum Fragen, die sie in eine solche Notlage bringen könnten. Über Eheschwierigkeiten oder gar Potenzprobleme breiten sie den Mantel eisigen Schweigens. Zumindest vor Dritten. Aber selbst wenn ihre Frau etwas sagt oder tut, das sie verletzt, würden Männer sich oft eher »einen Finger abbeißen«, als ihre Verletztheit einzugestehen. Die Fassade soll stimmen, kritische Themen bleiben außen vor.
Frauen können solche Begrenztheit schlecht nachvollziehen. Sie schämen sich viel seltener wegen ihrer Ängste oder Sorgen und tauschen sich offen mit Freundinnen aus.
Dem Mann sollen seine Strategien helfen, Ängste auf Distanz zu halten. Verhindern oder abbauen kann er sie mit diesen Tricks nicht. Die Vorstellung, Ängste, wo immer sie sich zeigen, beherrschen zu müssen, sitzt tief. Sie werden angegriffen wie ein äußerer Feind. Der Mann beißt die Zähne zusammen und kämpft sich durch. Doch selbst wenn eine Angst besiegt erscheint, bleibt ihr Träger auf bestimmte Situationen oder Fragen fixiert, die diese Angst erzeugt haben, selbst wenn er äußerlich relativ angstfrei wirkt.
Vor einigen Jahren lernte ich einen Rhetoriklehrer kennen, der mir berichtete, er wäre bis zu seinem 23. Lebensjahr Stotterer gewesen. Er habe sich jetzt davon befreit, aber er müsse sich immer noch jeden Tag beweisen, daß er gesiegt habe. Im Inneren war er besessen von der Furcht hängenzubleiben. – Wer erlebt hat, welchen inneren Kampf ein Stotterer durchstehen muß, bis ein Wort heraus ist, kann ermessen, wie es diesem Mann in seinem Beruf erging. Denn er führte seinen Kampf mit der Sprache bewußt, jeden Tag, auch wenn es niemand bemerkte. Er wollte sich seinen Sieg über die eigene Sprachstörung beweisen, letztlich blieb er ihr Opfer.
Es gibt viele Strategien für den Umgang mit der Angst. Doch Leugnen und Vermeiden sind Kern der männlichen Strategie.

Um abzugrenzen: Frauen erklären meist ganz offen, daß bestimmte Situationen für sie mit Angst besetzt sind. Sie geben zu, daß sie vor Höhe oder Hunden oder sonst etwas Angst verspüren. Sie vermeiden solche Situationen offen. Auch bei Ängsten vor bestimmten Menschen oder Themen zeigen Frauen weniger Scheu, sich zu offenbaren.
Angst zu bekämpfen, ist eine langwierige Aufgabe. Wer es mit Druck versucht, wird letztlich scheitern. Angst vermindern bedeutet, friedfertig, großzügig und offen mit sich selbst und anderen die Angst verstehen und akzeptieren lernen. Frauen sehen diesen Zusammenhang wesentlich leichter als Männer.

Stark? – Schwach?

Männer verbergen ihre Angst heimlich, Frauen reden offen darüber. Was ist stark, und was ist schwach? Lange war die Antwort darauf eindeutig. Männer waren das allein wertende Geschlecht und für sie bestand ein gesellschaftliches Einverständnis darüber, daß es männlich ist, keine Angst zu zeigen, sie zumindest zu verstecken. Als fast verwerflich galt der Versuch, seiner Mitwelt eigene Schwierigkeiten einzugestehen. Damit war die weibliche Art »offen über Ängste zu reden« schwach, die männliche Art »Ängste zu verschweigen« hingegen stark.
Wir können nicht erwarten, daß die Definitionen der Männer, der Verleugner von Angst, wirklich den Kern menschlicher Stärke beschreiben. Deshalb ist Wachsamkeit geboten, wenn wir über vermeintliche Schwäche oder vermeintliche Stärke reden. Spricht Mann von Stärke, ist häufig von Durchsetzungsvermögen, Autorität und oft genug von Härte gegen sich selbst und andere die Rede. Seltener wird im Zusammenhang mit Stärke von Selbstsicherheit, von In-sich-ruhen, von Einfühlung oder vom Eingehen-auf-andere gesprochen.

Wir wollen weder zum Schulmeister noch zum Besserwisser auf- oder absteigen: Stärke ist kein einheitlich zu definierender Begriff. Das, was unter Stärke verstanden wird, hängt sehr davon ab, welche persönliche Geschichte der einzelne hat und welche Erfahrungen er dabei machen konnte (oder mußte). Eins wollen wir allerdings tun: einer eher weiblichen Vorstellung von Stärke mehr Gehör verschaffen. Daß Frauen unterdrückt sind, ist ein Gemeinplatz und dennoch richtig. Vielleicht heute weniger die einzelne Frau, doch Frauen insgesamt haben nicht den ihnen gebührenden Anteil an den politischen, kulturellen und sozialen Machtpositionen.
Ebensowenig wird ihre Weltsicht gewürdigt, die sich von der männlichen deutlich unterscheidet. Es waren Frauen, die in Belgrad gegen den jugoslawischen Bürgerkrieg protestierten und ihre Kinder zurückhaben wollten. Es waren Frauen, die in Lateinamerika mutig auf die Straße gingen und Aufklärung über das Schicksal der Verschwundenen verlangten. Es waren protestantische und katholische Frauen, die in Nordirland gegen den Religionskampf protestierten und dafür den Friedensnobelpreis erhielten. Würden allein Frauen über den Paragraphen 218 abstimmen oder über Militärausgaben, wären die Ergebnisse deutlich anders. Weibliche Weltsicht, weibliche Lösungen und Strategien und weibliche Stärke sind meist sozial verträglicher und klarer an sozialer Vernetzung und Verpflichtung orientiert.
Bücher mit Titeln wie »Frauen führen anders«, »Die stille Verzweiflung« oder »Das andere Denken«* sind eine kleine Auswahl, die weibliche Fähigkeiten gelassen neben oder gar über männliche Fähigkeiten stellen. Sie spiegeln, daß Frauen sich ihrer Stärke bewußt werden.
Eine starke Frau ist also etwas deutlich anderes als ein starker

* »Frauen führen anders«, Sally Helgesen, Frankfurt 1991; »Das andere Denken«, Mary Field Belenky, et al, Frankfurt 1991; »Die stille Verzweiflung«, Janice Halper, München 1989.

Mann. Dieser Unterschied ist bedeutsam, denn die Irritation der Männer durch starke Frauen beruht auch auf dieser Diskrepanz. Nicht allein daß Frauen stark sind, irritiert Männer, sondern die ganz andere Qualität dieser Stärke läßt sie zunehmend an den eigenen Modellen zweifeln. Es wäre zu einfach zu behaupten, Männer hätten Angst vor Frauen, weil Frauen anders denken oder handeln. Was geschieht, ist wesentlich differenzierter. Männer registrieren, daß Frauen für viele Fragen und Probleme effektivere, meist konfrontationsärmere Lösungen anbieten können. Gleichzeitig erkennen Männer ihre Unfähigkeit, diese Modelle einfach zu übernehmen, solange die eigene Psyche auf Strategien von Härte und Konflikt festgelegt ist.

Aber auch diese Erklärung gilt nicht uneingeschränkt. Ich habe schon erhebliche Irritation bei Männern erlebt, wenn eine Frau hart und bedingungslos, eben männlich, handelte. Frauen treten heute auch mit Mustern auf, die sie bei ihren männlichen Artgenossen überzeugend kopiert haben. Die starke Frau als Kollegin ist ziemlich neu, und Neues weckt leicht Ängste.

Versteckte Angst

Alle Menschen kennen Angst. Und es gibt prinzipiell keine gravierenden Unterschiede zwischen Männern und Frauen, was ihre Möglichkeit betrifft, Angst zu erleben. Der Unterschied beginnt beim Eingestehen bzw. beim Verschweigen. Nun wird Verschweigen in der landläufigen Bewertung kaum als dramatisches Problem eingestuft. Alte psychiatrische Lehrbücher (von Männern geschrieben) kennen sogar im Gegenteil einen Wahrheitswahn (den Zwang, sich zu offenbaren) und beschreiben damit das zwanghafte Bedürfnis, »die Wahrheit sagen zu müssen«, selbst dann, wenn sie der offen-

barenden Person Schaden zufügt. Es ließe sich darüber streiten, ob dies nun krank oder moralisch ist.
Mir erscheinen die Probleme des Offenbarenden weniger bedeutsam als die der Verschweiger, besonders wenn es eigene Ängste betrifft. Das Verstecken eigener Gefühle erweist sich meines Erachtens als Bumerang in vielfacher Hinsicht. Zuerst bedeutet eigene Angst verstecken, sich selbst einen Bärendienst erweisen, denn die Angst hat erhebliche Rückwirkungen auf das Innenleben. Der Sinnspruch »Lügen haben kurze Beine« gilt auch für den Selbstbetrug. Vielleicht sogar noch mehr als für die soziale Lüge, denn der Betrüger ist Opfer und Täter zugleich. Letztlich kann er der eigenen Angst nicht entkommen, die Gefühle sind zu tief verwurzelt und meistens zu heftig. Es besteht nicht der Hauch einer Chance, den Selbstbetrug erfolgreich abzuschließen. Selbst die Verdrängung schließt ein, daß sich das Wegschieben auf die verschiedensten Weisen rächen wird.
Konkret kann eine Menge schieflaufen, wenn Menschen beginnen, vor ihren Ängsten zu flüchten. Ein wenig hat es mit ›Ernie aus der Sesamstraße‹ zu tun: Er schaltet das Radio ein, um den Geräuschen des tropfenden Wasserhahns zu entkommen. Doch das Radioprogramm stört ihn erst recht beim Einschlafen. – Einmal versteckt, ins Unterbewußtsein abgeschoben, beginnt die Angst ihr Eigenleben. Ungewollt wächst sie und wird in ihren Wirkungen immer unberechenbarer, sie taucht in veränderter Form wieder auf, läßt Menschen ernstlich erkranken oder immer kompliziertere Abwehrrituale veranstalten. – Ernie schaltet schließlich den Staubsauger ein, um das Radio nicht mehr zu hören.
Stefan, 42, Prokurist, unverheiratet, litt unter Berührungsängsten, die ihn besonders in Gegenwart von Frauen befielen. Er konnte ihnen nur unter großer seelischer Anspannung die Hand schütteln. Trotzdem zwang er sich, die Berührung auszuhalten, doch danach war er mehrere Minuten nicht in der Lage, einen klaren Gedanken zu fassen. Stefan hatte anfangs

keinerlei Vorstellung, wie es zu dieser Entwicklung gekommen war, bis er sich erinnerte, daß ihn vor etwa fünf Jahren eine Frau auf seine feuchten Hände angesprochen hatte. Dieses Erlebnis hatte seine Frauenangst auf einen neuen Höhepunkt gebracht und sein kompliziertes System für den Umgang mit Frauen zum Einsturz gebracht. Seitdem hatte er Berührungsängste und fast einen Blackout, wenn er ein Händeschütteln nicht vermeiden konnte. Erst das Zurückgehen zum Auslöser hat ihm geholfen, aus der Vermeidung auszusteigen und nach Lösungen zu suchen. Ein extremes, aber sicherlich symptomatisches Beispiel.
Der Verstecker steht in der Gefahr, zunehmend zwischen verschiedenen gespielten, künstlichen Mustern zu wechseln. Innere Spannungen kann er damit nicht verhindern. Wer aus Angst schauspielert, ist verkrampft. Er gleicht einem Täter, der bisher als Zeuge betrachtet wird. Er gibt sich unbefangen, doch die Gefahr, sich zu verraten oder enttarnt zu werden, schwebt über ihm, und er ähnelt so einem Nichtschwimmer, der bei steigender Flut immer noch den Eindruck erwecken will, es wäre ein reines Vergnügen, in den hohen Wellen stehenzubleiben, die bald drohend über ihm zusammenschlagen werden. Solches Verhalten macht scheu und letztlich einsam, weil jede Kommunikation zur Gefahr wird. So werden auch die letzten Möglichkeiten für eine Verbesserung der Lage ausgeschlossen.

Angst vor der Angst

Nur wenige Menschen blockiert ihre Angst absolut und damit alle Bereiche ihres Lebens. Meist beschränkt sich Angst auf bestimmte Situationen. Doch diese Beschränkung bietet keine Sicherheit. Versteckte Angst tendiert stärker dazu, sich wie eine Lawine zu verhalten, als die eingestandene Angst.

Hatte der Verstecker zu Beginn seiner Befürchtungen vielleicht noch die Hoffnung, die Angst träte nur manchmal auf, würde vielleicht sogar wieder ganz verschwinden, so wird ihm langsam gewiß: »Sie erwischt mich jedesmal. Ich kann der Angst nicht mehr entkommen.«
Hat sich Angst etabliert, ist sie eine unvermeidbare Reaktion geworden. Damit beginnt ein weiterer Kreislauf: Die Angst vor der Angst setzt ein. Ohne konkreten Auslöser beschäftigt den Ängstlichen die Frage: »Was würde geschehen, wenn ...«
Langsam kann Angst vom ganzen Menschen Besitz ergreifen. Die Verleugner von Angst sind dabei in viel größerer Gefahr, in dieses Loch zu fallen, als die Ängstlichen, die über ihre Nöte offen berichten. Sie haben wenigstens die Entlastung durch das Mitgefühl und Verständnis anderer. Selbst wenn das an ihren eigentlichen Ängsten wenig verändert. Der Verstecker entkommt dieser doppelten Angst selten. Die Spirale läßt sich weiterdrehen: Er spürt bedrückende Unsicherheit in den angstauslösenden Situationen, er fürchtet sich davor, dieses Gefühl zu erleben. Und seine Sorge wächst, daß auch in anderen Situationen Unsicherheiten entstehen. Steigert sich die Verunsicherung, wachsen die Zweifel an der eigenen Kompetenz, an der eigenen Integrität, der Stabilität und dem Selbstwert. An eigene Stärke glaubt der Verstecker in seinem tiefsten Inneren schon lange nicht mehr, egal welchen äußeren Zauber er aufführt.

Angst macht blind. Durch verleugnete Angst geht ein realistisches System zur Beurteilung der Stärken und Schwächen der eigenen Person und anderer Menschen mit der Zeit verloren. Häufig verschwinden beim Verstecker die Antennen für andere Menschen und ihre Innenwelt. Was nicht verwundert, denn Einfühlung besitzen nur sensible Menschen, die wenig Energie auf die Tarnung eigener Probleme verwenden. So kann es geschehen, daß der Verleugner Menschen für stark hält, die möglicherweise nichts anderes tun als er selbst, näm-

lich »stark« spielen. Ein hart arbeitender Geschäftsführer berichtete mir von der vermeintlichen Stärke seiner Frau: Sie sei engagiert in einer Frauengruppe und eine wahrhafte Emanze. Er müsse zu Hause sogar seine Hemden bügeln, obwohl seine Frau keinen Beruf ausübe. Das setzte sie durch, trotzdem schilderte sie sich ganz anders: Sie fände nicht den Mut, diesen arbeitsbesessenen Mann zu verlassen; sie traute sich beruflich nichts mehr zu und verharrte in dieser für sie äußerst unbefriedigenden Beziehung.
Oder umgekehrt, jemand erscheint einem Mann schwach, weil er eigene Schwierigkeiten offen zugeben kann und darüber frei spricht. Ein Ehemann beschwerte sich über die schwachen Nerven seiner Frau, die ihm zu Hause über »tausend Nöte«, mit denen sie an ihrem Arbeitsplatz kämpfen mußte, berichtete. In Wirklichkeit besaß er eine äußerst zähe und willensstarke Frau, die sich erfolgreich in ihrem Arbeitsfeld behauptete. Sie berichtete ihrem Mann offen über ihre inneren Konflikte mit Entscheidungen oder Fehlern. Er konnte ihre Erzählungen deshalb schlecht aushalten, weil *er* wesentlich weniger wirkungsvoll in seinem Beruf agierte, sich diese Diskrepanz aber nicht eingestehen konnte.
Wie Männer Frauen völlig falsch einschätzen, ließe sich mit vielen Beispielen belegen. Sie trauen ihnen weder sachlich noch persönlich zu, bestimmte Anforderungen zu erfüllen, ganz zu Unrecht. Auch in der Arbeitssituation stehen Frauen oft sprachlos vor dieser männlichen Engstirnigkeit.
Frauen, die solche oberflächlichen Wertungen deutlicher durchschauen, werden Männer nicht mehr unreflektiert überbewerten und ihr Selbstwertgefühl weniger an Männerurteile binden. Die Anmaßung männlicher Urteile wäre leichter zu erkennen, würden Frauen männliche Machtgesten als das entschlüsseln, was sie häufig sind – Signale von Unsicherheit.
Werden Frauen von Männern eingeschätzt, sind dies selten nüchterne Betrachtungen. Was zählt, sind meist äußerliche

Kriterien. Ist die Frau stark geschminkt oder auffällig angezogen, wird sie als Sexualobjekt betrachtet. Klugheit, Kreativität und Intelligenz bleiben dann außen vor. Tritt eine Frau sehr selbstbewußt auf, gilt sie als Mannweib. Manchmal hat es mich fast zur Verzweiflung getrieben mitzuerleben, wie Männer (Vorgesetzte, Ehemänner, Bekannte oder Freunde) mit penetranter Ignoranz Fähigkeiten und Stärken von Frauen wegredeten, ihre Leistungen herabwürdigten oder ihre unbestreitbaren Erfolge zu Zufallsprodukten oder Eintagsfliegen umdeuteten.

So werden Frauen oft regelrecht verschlissen, denn eine solche fortgesetzte Mißdeutung kann sehr zermürbend sein. Frauenstärke ist kein unerschöpfliches Gut, das unbegrenztem Aderlaß widerstehen könnte. Gerade deshalb ist es wichtig, Frauen hinter die Kulissen schauen zu lassen und aufzuzeigen, daß männliche Reaktionen viel mit Angst zu tun haben.

Wer sein Gegenüber falsch einschätzt, gewollt oder ungewollt, bleibt auf Distanz, äußerlich und innerlich. Nähe schafft Vertrauen, und ohne Nähe entsteht kein wirkliches Vertrauen. Der Satz schreibt sich so leicht, aber er hat massive Konsequenzen. Der Mann, der aus Angst versäumt, wirkliche Nähe zu Frauen herzustellen, verliert in vielfacher Hinsicht. Er kann IHR nicht wirklich vertrauen, er umschleicht SIE wie eine Gefahr, vor der er sich hüten muß, und er bringt sich so um eine für sein Leben entscheidende Grundlage, denn er bleibt isoliert, ohne Vertrauen und damit auch ohne Geborgenheit.

Tiefes, gegenseitiges Vertrauen ist auch unter Männern eine Ausnahme, so sehr auch Kameraderie und »füreinander einstehen« betont werden. Meist sind es Handelsbeziehungen. Die Partner haben gegenseitigen Nutzen voneinander. Männer lassen sich entweder bewundern oder sind dankbar, einem erlesenen Kreis anzugehören. Doch über Schwächen reden, Beistand suchen für innere Nöte, das ist kein selbstver-

ständlicher Teil einer Männerfreundschaft. Können Sie sich eine Männerbeziehung vorstellen, in der mit allen Konsequenzen über die Angst vor Frauen oder vor Sexualität gesprochen wird?
So dramatisch es auch klingen mag: Männer haben selten Vertrauen zu einem anderen Menschen. Vertrauen ist aber die einzige Basis, auf der Menschen über das, was sie in ihren Gefühlen wirklich bewegt, sprechen können. Und wer diese Möglichkeit nicht oder nur mangelhaft nutzt, bleibt innerlich einsam.
Unsere Gefühle sind keine klare, berechenbare oder zu wiegende Größe. Sie sind labil, sprunghaft, manchmal sehr zart, verletzlich, klein und zerbrechlich. Oft ermöglicht uns nur der Austausch mit einem/r Vertrauten den Zugang zu unserem Inneren. Wer beide Wege versucht hat – zum einen, allein ein Problem zu ergründen, und zum anderen, sich mit einem vertrauten Zuhörer auszutauschen –, weiß, daß nur das mitfühlende und ehrlich informierte Gegenüber einen Weg bietet, unklaren Gefühlen auf die Spur zu kommen. Nur mit dieser Hilfestellung können wir eigene Schwierigkeiten klarer sehen, besser verstehen und anders damit umgehen.
Ein Lehrer saß in seinem Kollegium wie ein frostiger Schneemann. Er war unfähig, freundschaftlichen Kontakt mit Erwachsenen aufzunehmen. Er suchte zwar Anschluß, fand aber keinen Weg, unkompliziert auf die anderen zuzugehen. Während des Studiums hatte er sich abgekapselt, um besonders gute Noten zu erreichen. Jetzt wollte er Kontakt. Schließlich vertraute er sich einer mütterlichen Kollegin an. Ihr beschrieb er, wie einsam er sich fühlte. Erst mit ihrer Hilfe fand er heraus, daß die meisten Kollegen ihn eigentlich mochten. Wäre er nicht so verschlossen, hätten sie auch schon von sich aus Verbindung zu ihm aufgenommen. Sie schätzten seinen Stil, mit den Kindern umzugehen, denn bei ihnen zeigte er sich offen und zugewandt. Doch sein sauertöpfisches Gesicht hatte die Kollegen auf Distanz gehalten.

Fehlt eine gute Verbindung zu unseren Gefühlen, wird unser Leben künstlich. Wir benutzen Krücken statt unserer Arme und Beine. Männer leugnen diesen Zusammenhang. Doch wer einem Trauernden nur kräftig auf die Schultern klopfen kann und mit lautem »Wird schon wieder...« zu trösten sucht, wer so wenig Einfühlung besitzt, der hat seine Sensibilität verloren.

Männer sind in der Klemme. Ich weiß nicht wie lange schon, doch sicher sind schon unsere Großväter in dieselben Fallen gestolpert: Der »Vertraute« unter Männern war eher eine anrüchige Figur, er wurde in Machenschaften und Händel eingeweiht, und nicht selten hatte er die Aufgabe, die bösen und unmoralischen Aspekte von Handlungen umzudeuten oder zu leugnen. Graue Eminenzen, Berater und Intriganten sind die gebräuchlichen Bezeichnungen solcher destruktiven und mephistophelischen Figuren – der Gegenpol blieb unbesetzt.

Frauen gehen mit Gefühlen anders um. Sie fürchten zwar, von Gefühlen weggeschwemmt oder überrollt zu werden. Doch sie stehen ihren Gefühlen selten negativ gegenüber, außer wenn sie ihre eigene Position gegenüber männlichen Gefühlsstrategien noch nicht klar bezogen haben oder wenn sie den männlichen Werten zustimmen. Was in der Konsequenz bedeutet, daß sie sich an den Mächtigeren orientieren und die eigene emotionale Stärke unterminieren.

Eine feinfühlige Frau kämpfte in Gegenwart von Männern mit ihren Tränen, wenn diese sich schroff oder verletzend benahmen. Sie wollte sich nicht schwach vor ihnen zeigen und schämte sich dieser vermeintlichen Entgleisung. Daß erst ihre Verlegenheitsgesten sie unsicher und schwach erscheinen ließen, erkannte sie nicht. In einem Gespräch deckte sie diesen Widerspruch für sich auf und entschied, sich eventueller Tränen auf keinen Fall zu schämen. Jetzt war die Peinlichkeit auf der Männerseite, verlegen entschuldigten sie sich für ihre Ungeschicklichkeiten, zumindest einige.

Soziale Veränderungen haben einen neuen Frauentyp hervorgebracht. Die anachronistische, selbstverständliche Unterordnung von Frauen wird seltener. Die »neue Frau« ist die »selbstbewußte Frau«. Dies spiegelt für manche eine recht simple Feststellung wider: Frauen sind selbstbewußter geworden, und sie stellen die männlichen Weltsichten und Wertungen deutlicher auch öffentlich in Frage. Simpel erscheint mir dieser Wandel allerdings nicht, schließlich haben Frauen Vergleichbares in den letzten tausend Jahren nicht getan. Diese veränderte Frau stellt Männer vor veränderte Tatsachen. Plötzlich ist der monolithische männliche Konsens über gesellschaftliche Konventionen in einem langsamen Auflösungsprozeß.

Männer haben ihre weiblichen Statisten verloren, durch die sie automatisch überlegen wirkten. Früher wurde der väterliche Wutausbruch, der Kinder, Frau und Haustiere zitternd in die Ecke trieb, als Ausdruck männlichen Führungsanspruchs und gottgleicher Weisheit akzeptiert. Diese Bühne ist (Gott sei Dank) geschlossen. Dieses Zittern und Gehorchen und der Glaube an die unveräußerbare männliche Autorität gehen dem Ende zu.

Männliche Normen werden aufgeweicht. Schleichend und ohne lautstarke Gefechte sind der Umgang mit Gefühlen und das männliche Verhältnis zu Tränen in Bewegung geraten. So berichtete der Fernsehreporter Gerd Ruge über ein Treffen mit wiedereingesetzten Fernsehmoderatoren des russischen (vorher sowjetischen) Fernsehens, nach dem mißglückten Putsch gegen Gorbatschow: »Wir haben ein Glas getrunken, ein bißchen gelacht und ein bißchen geweint vor Freude und Bewegung über den glücklichen Ausgang.«* Es klang weder sentimental noch polemisch, er schilderte einfach, was geschehen war. Gefühle und Betroffenheit haben neue Stellenwerte. Das ist eine Qualität, die vor wenigen Jahren undenkbar war.

* Sondersendung der ARD 21. 8. 1991

Dieser Wandel zeigt die ersten Schritte von Männern in ein – auch öffentlich – gefühlvolleres Leben, auch wenn es kleine Schritte sind. Wenn es nicht so pathetisch klingen würde, könnten wir unser Jahrhundert als das Jahrhundert der (wieder) ernstgenommenen Gefühle betrachten. Freud hat sie uns erschlossen, und seine Nachfolger, in hundert verschiedene Schulen aufgespalten, sind dennoch einig: Gefühle und Empfindungen beeinflussen unser Leben weitaus stärker als unser so hochgeschätzter Verstand. Ihm verdanken wir zwar unsere Technik, Autos und den medizinischen Fortschritt, aber er hat es nicht fertiggebracht, Krieg, Völkermord oder Hunger zu verhindern.
Wissenschaftler und Politiker begreifen nur allmählich, daß Angst ein ganz erheblicher Anstoß für Aggressionen zwischen Völkern sein kann. Ebenso dringt nur langsam in unser Bewußtsein, daß Angst auch in der Psyche der Menschen Aggressionen hervorrufen kann.

Männerängste

Will man Männer verstehen, muß man ihre Ängste beachten, gerade weil sie viel Energie darauf verwenden, sie zu verschleiern. Viele unterschiedliche Ängste geistern durch Männerköpfe und beeinflussen ihr Handeln. Ich habe eine provokante Liste zusammengestellt, die Ängste aufzeigt, die Männer erleben, und die Männer meines Erachtens *stärker* betreffen als Frauen.

- Männer haben Angst zu versagen. Auf vielen Gebieten: im Beruf, in der Sexualität, im Leben allgemein. Ihr Anspruch an das, was sie erreichen wollen, ist hoch.
- Männer ängstigt der Verlust ihres Ansehens. Soziale Reputation, berufliche Stellung und die Höhe ihres Einkommens beschäftigen sie über Gebühr.

- Männer fürchten sich davor, lächerlich gemacht zu werden. Und doch glauben sie einer lauten Lüge mehr als einer leisen Wahrheit.
- Männer fürchten Unterlegenheit, weil Siegen ein zentraler Wert ist und Konkurrenz das Lebensprinzip.
- Männer fürchten getäuscht zu werden. Sie erwarten die eigenen Muster auch bei anderen.
- Männer erschreckt es, eigenes Unvermögen zu bekennen. Sie sehen darin einen Offenbarungseid.
- Männer haben Angst, von IHR nicht mehr gebraucht zu werden.
- Männer fürchten sich, allein zu sein. Obwohl sie sich emotional abkapseln, ist Einsamkeit eine Bedrohung. Es soll jemand da sein, auch wenn sie sich nicht mit ihm oder ihr beschäftigen.
- Männer fürchten, für die Zwecke anderer benutzt zu werden. Doch sie selbst mißbrauchen in vielen Situationen.
- Männer zweifeln daran, daß sie wirklich akzeptiert und geliebt werden, und provozieren mit ihrer Überheblichkeit und Härte genau das, was sie erwarten.
- Männer haben Angst davor, Schwäche zu zeigen. Schwäche ist ihr Synonym für Weiblichkeit.
- Männer haben Angst vor Gefühlen. Ganz besonders fürchten sie, weich zu wirken oder verletzlich. Männertränen sind ihnen verhaßt, an sich selbst ganz besonders.
- Männer tun sich schwer, jemandem zu zeigen, daß sie ihn wirklich mögen, schätzen oder gar lieben. (Können Sie sich einen Mann vorstellen, der einem anderen Mann sagt, daß er ihn gern hat, ohne daß Sie einen homosexuellen Hintergrund vermuten?)

Befragte man ohne lange Vorrede eine zufällige Auswahl von Männern, würden acht von zehn behaupten, solche Ängste nicht zu kennen. Sie würden lachend, verärgert oder bissig reagieren und den Interviewer zum Teufel wünschen.

Die bis jetzt angesprochenen konkreten Ängste spiegeln nur die Oberfläche. Darunterliegende Ängste sind schwerer auszumachen, für den Betroffenen und seine Umwelt. Doch bekannt sind sie. Dabei geht es zum Beispiel um die Angst, weiblich zu wirken, die Angst vor Sexualität oder die Angst der Männer vor Nähe. Auf dieses Feld, die Schwierigkeiten der Männer mit Intimität, werde ich in den folgenden Kapiteln näher eingehen, wenn die allgemeineren Ängste deutlich sind, die sich aus den Rollen, die ein Mann glaubt spielen zu müssen, ergeben.

Tiefer sitzende Ängste von Männern sind leichter zu begreifen, wenn wir ihre Alltags-Ängste erkannt haben. Erst dann wird sichtbar, daß hinter männlicher Stärke Furcht und Unsicherheit verborgen sind. Männer kämpfen schon im Alltag mit vielfältigen Unsicherheiten. Viele harmlose Situationen können bei ihnen Ängste auslösen. Öffnen wir uns dieser Vorstellung, verlieren männliche Unabhängigkeit und Stärke ihren heroischen Glanz.

Die Psychologie nennt Verhaltensweisen, die benutzt werden, um Angst zu kompensieren, angstinduzierte Reaktionen. Und genau das bleibt von vielen männlichen Ritualen und männlicher Stärke übrig. Sie lassen sich als angstinduzierte Abwehrstrategien erklären und enttarnen.

Betrachten wir eine Verhaltensweise, die Männer sehr oft zeigen, genauer. Nehmen wir das überhebliche Lächeln von Männern, das Frauen so oft irritiert und/oder zur Weißglut treibt, als Beispiel. Dieses Lächeln wird ähnlich auch in Männerrunden eingesetzt, wenn es um Geschäftliches geht. Diese Art Lächeln soll Stärke signalisieren, so tief der eigene Zweifel an dieser Stärke auch sitzen mag. Dieser verdeckte Ausdruck von Überheblichkeit ist so sehr zum Wesenszug der Männer stilisiert worden, daß Dressmen ihn zum Standardblick erkoren haben, wenn sie nicht gerade als »Kolumbus erobert Amerika« in die Ferne schauen.

Wann setzen Männer diese Miene auf? Wann glauben sie

Stärke zeigen zu müssen? Sicher dann, wenn sie die Richtigkeit einer eigenen Aussage, das unabdingbare Festhalten an einer Überzeugung oder ihre Unerschrockenheit vor dem Feind signalisieren wollen. Immer dann, wenn sie mit ihrem Ausdruck unterstreichen wollen, daß sie unerschütterlich, dem Fels in der Brandung gleich, keinen Millimeter von ihrer Vorstellung abweichen werden.

Warum sind solche Signale der Stärke notwendig? Jeder Zweifel, eigener und fremder, soll mit dieser nonverbalen Botschaft erstickt werden. Die Körpersprache unterstützt den Anspruch, und diese Machtgeste wirkt möglicherweise auch dann, wenn die Argumente allein nicht ausreichen.

Dieses Lächeln ist doppelbödig. Spannenderweise wissen viele Menschen um den Zwiespalt solcher Gesichtsausdrücke. Doch in der konkreten Situation siegt meist etwas, das tiefer sitzt: Der überhebliche Gesichtsausdruck des Gegners bestätigt die eigenen Vorstellungen von Machtverhältnissen und Stärke. Das Wissen um die tiefer sitzenden Zweifel des Lächelnden geht wieder verloren oder kommt gar nicht erst zum Zug.

Männer und Frauen blenden aus, daß Lächeln ursprünglich eine Reaktion der Befreiung aus einer Zwangslage ist und daß »Grinsen« auch ein Signal von Angst sein kann.* Wir vergessen, was die meisten schon erlebt haben: Wirkliche Stärke hat etwas Großzügiges, und je stärker die aggressiven Anteile (wer beim Lächeln die Zähne zeigt, signalisiert auch Bereitschaft zur Aggression), desto größer ist die Wahrscheinlichkeit, daß auch eine gehörige Portion Angst im Spiel ist, die verschleiert werden soll oder muß.

Unser Bild vom starken Mann gerät ins Wanken. Einmal sensibilisiert, fallen uns x Szenen ein, die vergleichbar sind. Es ist

* Unsere biologischen Vorfahren, die Menschenaffen, kennen ein Angstgrinsen bei Jungtieren, die damit auf Drohung oder Gewalt der erwachsenen Tiere reagieren.

Angst, die sich maskiert, wenn Männer uns glauben machen wollen, sie

- seien stets positiv gestimmt
- würden Zweifel oder Unsicherheit nicht kennen
- können alles und schaffen alles
- würden keine Müdigkeit oder Anstrengung kennen
- hätten jeden Abend Lust zu joggen
- brauchten niemals Rat
- suchten niemals Hilfe
- wollten alles allein ausprobieren
- hätten keine Schwächen
- wären desinteressiert an den Schwierigkeiten anderer

Im Block aufgelistet, kommt uns das männliche Ideal geradezu lächerlich vor. Erleben wir aber eine entsprechende Szene, werden genau diese Unsinnigkeiten behauptet, dann regiert der Zweifel: Vielleicht hat *er* wirklich mehr Ausdauer, mehr Stehvermögen. – Vielleicht kommt *er* besser allein zurecht. – Möglicherweise ist *er* nicht auf Anerkennung und Unterstützung angewiesen.

Selbst dann, wenn der harte Mann seine Einsamkeitsnummer durchzieht, mit sich und dem Berg, dem Boot oder dem Dschungel kämpft, sind das *keine* sicheren Signale von Stärke. Es sind eher Signale der Verzweiflung. Die Männer, die den Mut fanden, ihre eigene Enge, die sich in solchen Mustern spiegelt, einzugestehen, waren regelmäßig erleichtert, wenn sie aus diesem Korsett von versteckter Angst, gespielter Stärke und oft quälender Isolation ausscheren konnten. Der einsame Pazifikruderer, der über 100 Tage allein auf dem Meer war, zeigt keine Stärke, eher die verzweifelte Suche nach einer Selbstbestätigung. Männlichkeitswahn.

Doch bis jetzt waren diese Szenen das Schauspiel, das Männer sich und der Welt boten. Eine Macho-Darstellung zur eigenen Erhöhung und zur Erhebung über das niedere »Weiber-

volk«, das im Jargon der mittelalterlichen Schriften keifend, dumm, johlend und ohne innere Kraft den Helden begaffen und ergriffen bestaunen sollte.
Werden Angst und Unsicherheit erfolgreich (?) versteckt, ist mit der Wirkung nach außen allerdings noch nicht alles zu Ende. Was Männern auf die Dauer seelische Tiefschläge versetzt, ist ihr Gefangensein im engen Käfig ihrer Vorstellungen von Männlichkeit.

Männer sind das schwächere Geschlecht

Die Lebenserwartung von Männern ist geringer, ihre Selbstmordrate höher, und außer bei Brustkrebs, den auch Männer bekommen können, liegen sie bei allen krankhaften Todesursachen vor den Frauen. Auch der plötzliche Kindstod trifft deutlich mehr Jungen als Mädchen. Ob die Natur diese Schwächen eingeplant hat? Jedenfalls werden ca. 106 Jungen auf 100 Mädchen geboren. Nach wenigen Jahren ist das Geschlechterverhältnis ausgeglichen, danach wächst der Anteil der Frauen in allen Altersstufen.
Männer sind das lebensuntauglichere Geschlecht. Allein mit den biologischen Fakten konfrontiert, bleibt kein anderer Schluß übrig. Auch das kleine Plus an Muskelkraft verliert in unserer Gesellschaft seine Bedeutung.
Angst verstecken heißt flüchten. Vor sich selbst, vor anderen Menschen, vor Beziehungen. Angst ahnen und bekämpfen (müssen), weckt den unterschwelligen Wunsch, heimzuzahlen oder wenigstens selbst Angst auszulösen. Angst macht verschlagen und weckt Rachegelüste. Und schließlich macht sie dumm, denn ängstlich kann man nicht klar sehen. So schafft Angst zwangsläufig Verlierer, auch wenn die Niederlagen kaschiert oder geleugnet werden. Und Angst nimmt die Lebenslust. Wer viel Energie auf Flüchten und Tarnen gleich-

zeitig richtet, hat wenig Energie für Leben, Genießen und Hingabe.
Angst sucht Kompensation. Flucht in blinden Aktionismus, zuviel Essen und Alkohol, Arbeit – oder eine andere Sucht – bereitet den Weg zu Einsamkeit. Angst macht mißgünstig und zynisch.
Bei so vielen Ängsten ist es konsequent anzunehmen, daß auch Frauen ein Angstfaktor sind. »Männer fürchten sich vor Frauen«, im ersten Moment wirkt diese Vorstellung dennoch ungewöhnlich. Sie paßt nicht zum Bild der unterdrückten Frau. Ein Unterdrücker fürchtet kaum die Unterdrückten.
Ein vorschnelles Urteil. Denn natürlich wissen wir, daß das nicht stimmt. Die Geschichte ist voller Beispiele für das Gegenteil. Man könnte eher die umgekehrte Regel aufstellen: Fast alle Unterdrücker fürchten mehr oder weniger die Unterdrückten. (Die Römer die Christen, der Adel die Bauern, die Weißen die Schwarzen.)
Weshalb ist es dennoch für uns so schwer, die Furcht der Männer vor den Frauen und besonders vor den selbstbewußten Frauen wahrzunehmen? Die Antwort darauf ist vielschichtig und kompliziert, letzten Endes ist das ganze Buch der Versuch einer Antwort. Hier einige Denkansätze: Frauen besitzen Fähigkeiten, die Männern fehlen und die sie Frauen insgeheim neiden. – Frauen leben mit ihren Gefühlen und damit in einem Austausch mit Menschen. – Frauen besitzen effizientere, nicht repressive Einflußmöglichkeiten, sie lenken wirksam, *ohne* zu unterdrücken. – Frauen erfahren eine andere, weniger leistungsorientierte Erziehung und sind dadurch freier. – Frauen sind in den Überlebenskampf, der heute nur noch in den Köpfen von Männern stattfindet, weniger integriert.
Frauen haben – unter einem bestimmten Blickwinkel – Vorteile gegenüber Männern. Äußerlich sind ihre Vorteile selten direkt sichtbar. Im Kapitel »Der große Käfig« wird genau beschrieben, wodurch die Fähigkeiten von Frauen besondere

Bedeutung erlangt haben. Auf einen wichtigen Zusammenhang will ich schon hier verweisen. Die Gesellschaft akzeptiert immer weniger offene Gewalt gegen Frauen. Diese verminderte Bedrohung der Frau, die zugegeben nicht überwältigend ist, haben Frauen dennoch dazu genutzt, ihre Rechte offensiver zu fordern. Das Quentchen weniger Bedrohung hat ausgereicht, ihre Rolle und ihre soziale Beteiligung neu zu definieren. Frauen wollen (wie Männer) Einfluß besitzen und eigene Interessen durchsetzen, in der Gesellschaft und in der Familie. Nimmt die männliche Gewalt auch nur geringfügig ab, füllen Frauen den entstandenen Freiraum mit Forderungen nach Gleichberechtigung.

Gleicht die Entwicklung der Gleichberechtigung auch einer Schnecke, so kommt sie dennoch voran. Frauen erhalten neue Spielräume. Sie können ihre Vorstellungen von Beziehungen, von sozialen Normen und vom Miteinander der Menschen deutlicher vertreten. Die Balance der Kräfte zwischen den Geschlechtern ist dabei fein austariert. Kleine Verschiebungen des weiblichen Einflusses ergeben beachtliche Wirkungen in der Männerwelt.

Kaum beginnen Frauen in höhere Positionen aufzusteigen (sie sind erst mit einem minimalen Prozentsatz dort vertreten), passen sich die männlichen Kollegen der neuen Komponente an. Der kooperative Manager, der im Team arbeitet, ist plötzlich gefragt. Er soll die sozialen weiblichen Eigenschaften mit den kämpferischen, bissigeren männlichen verbinden.

Wie viele Mächtige auf erstarkende Untertanen verunsichert reagieren, so erleben auch Männer den Boden unter ihren Füßen weniger sicher. Ihre Vormachtstellung wird zunehmend demontiert. Doch lassen sich Männer jahrtausendealte Privilegien, egal wieviel Kreide sie geschluckt haben, nicht kampflos nehmen. Das, was jeder Herrscher des Mittelalters getan hätte, geschieht auch im kollektiven Bewußtsein der Männer: Sie wehren sich. Dabei setzen sie die Mittel ein, die sie ken-

nen. Druck ausüben, drohen, Stärke zeigen. Sie beschleunigen damit ungewollt den Verfall ihrer Vormacht, denn Frauen haben ihre neuen Chancen längst erkannt und die Bedingungen verändert. Sie zeigen zunehmend weniger Respekt, reagieren zunehmend gelassener. Die einzige Möglichkeit, ihre Vorherrschaft zurückzuerlangen, hieße Gewalt. Frauen lassen sich heute weniger leicht einschüchtern, und auch in manchem Männerkopf hat sich die Ächtung von Gewalt festgesetzt. In Ehen bleibt den Frauen überdies die Möglichkeit einer Scheidung. Sich scheiden lassen ist einfacher geworden und hat rechtstechnisch eine für Frauen günstige Entwicklung genommen. Der seelisch und materiell zu zahlende Preis erscheint kalkulierbar. Jedenfalls gehen Frauen (und Männer) diesen Weg immer häufiger. Die Vorstellung allein zu leben, erschreckt heute immer weniger.
Diese Bedingungen, die Reduktion gesellschaftlich akzeptierter Gewalt, die Erleichterung von Scheidungen, die Möglichkeit von Unabhängigkeit durch einen Beruf und die gesellschaftlich anerkannte Lebensform »Single« erleichtern es Frauen, männlichem Dominanzstreben entgegenzutreten. Die Initiative, die Beziehungen der Geschlechter neu zu gestalten, liegt dabei eindeutig bei den Frauen. Sie fordern Veränderungen, größeren Einfluß und Gleichberechtigung in der Realität, nicht nur in Gesetzen.
Um es unmißverständlich auszudrücken: Ich halte die Gleichberechtigung der Frauen keinesfalls für erreicht oder der Verwirklichung nah. Die Frauen-Quoten einiger Parteien, so richtig sie sind, dürfen keinesfalls den Blick verstellen für die schlimmen Mißverhältnisse in den Führungsetagen von Wirtschaft und Politik. Die Zahl der Managerinnen liegt bei optimistischen Schätzungen bei fünf Prozent. Je höher in den Hierarchiestufen, desto geringer die Zahl. Die Quote der weiblichen Mitglieder in den Bundes- und Landesparlamenten hat im Schnitt noch nie die zwanzig Prozent-Marke überschritten.

Wer Macht (nicht Einfluß)* verliert, steht auf unsicheren Beinen. Männern ergeht es so. Ihre Positionen werden beschnitten. Gleichberechtigung (politisch, sozial, kulturell) ist nur über diesen Weg zu erreichen: Männer müssen zugunsten von Frauen verzichten. Auf Rechte, Privilegien und Anteile, zum Beispiel an Mandaten oder Führungspositionen. Diese klare Beschreibung wird selten gewählt. Von Männern fast nie, und selbst Frauen tun sich oft schwer, den Machtverlust von Männern deutlich zu fordern.

Damit wird sichtbar: Die Verschiebung von Einfluß zugunsten der Frauen ist kein starker sozialer Strom, eher ein Rinnsal. Dabei sehe ich Männer eher in Rückzugsgefechte verwickelt, als ernsthaft über diesen unaufhaltbaren Wandel nachdenkend. In unserer Gesellschaft besitzen kleinere Teilgruppen der Bevölkerung bessere Fürsprecher. Betriebe, die ihre Quote an Behinderten nicht erfüllen, müssen einen materiellen Ausgleich zahlen. Wieviel mehr wären solche Forderungen für Frauenquoten berechtigt, und es wäre kein augenwischendes Almosen, sondern praktizierter Wandel. Doch Männer spielen weiter die Starken, die sie schon lange nicht mehr sind, vielleicht sogar nie waren.

Quellen männlicher Aggression. Männer verhalten sich aggressiver als Frauen. Über die Quellen der männlichen Aggression ist bisher wenig Stichhaltiges zutage gefördert worden. Daß Männer aggressivere Handlungs- und Denkweisen einsetzen, das ist dagegen unbestritten und läßt sich sogar bis in unsere animalische Vorgeschichte verfolgen. Doch ob es einen angeborenen Aggressionstrieb gibt, der bei Männern stärker geweckt wird, oder wodurch sich die Aggression entwickelt, darüber gibt es kein gesichertes Wissen.

* Die beiden Begriffe möchte ich unterscheiden. Macht ist immer mit einer Form von Unterdrückung verbunden. Einfluß hat immer auch den Aspekt von Beteiligung, Kompromiß, Ausgleich oder Minderheitenschutz.

»Männer sind von Natur aus aggressiver als Frauen« ist lediglich eine These. Ebenso könnte man behaupten: »Männer haben von Natur aus mehr Angst als Frauen« und »Männer reagieren auf ihr Mehr an Angst mit einem Mehr an Aggression«. Dann wäre lediglich die größere Menge Angst von Männern für ihre höhere Aggressivität verantwortlich. Es gibt gute Argumente, die für diese Annahme sprechen. Denn die Frage »Wie wird Mann aggressiv?« ist auch eine Frage nach Auslösern, Anstößen und Wechselwirkungen. Natürlich ist diese Gegenbehauptung ebenso eine Vermutung wie die ursprüngliche These. Drei Gedanken stützen meine Vermutung, Angst erzeugt Aggression:

1. Aggression hat viele Funktionen: Selbstverteidigung, Nahrungserwerb, Revierbehauptung, soziale Vorherrschaft. Die Vormacht in einer sozialen Struktur scheint dabei biologisch gesehen von geringerer Tragweite zu sein.
2. Fast alles, was wir als animalisches Verhalten betrachten, ist eine Reaktion auf bestimmte Auslöser. Was also könnte der äußere Anstoß, der »genetische Knopf« für Aggression sein? Mir scheint es plausibel, Aggression als Reaktion auf Bedrohung zu verstehen. Eine Bedrohung erzeugt Angst, und diese Angst löst Flucht *oder* Aggression aus. Dies wird selten beachtet. Ohne eine sehr enge Kopplung von Fluchtbereitschaft und Aggression verliefen viele Aggressionen tödlich. In der Natur kommt dies innerhalb der eigenen Gattung allerdings selten vor.
3. Männer reagieren empfindlicher, wenn man so will »sensibler«, auf Angstauslöser. Aggression muß schnell und intensiv zu wecken sein, nur dann ist sie im biologischen Sinne wirksam. Wenn es langer Anläufe bedürfte, wäre es mit der Wehrhaftigkeit nicht weit her. Wenn es die Bedrohung ist, für die Aggression genetisch angelegt ist, dann muß der Aggressivere diese Bedrohung stärker wahrnehmen, denn diese Wahrnehmung liefert das Maß für die Heftigkeit der Reaktionen.

Zurück zur Angst. Daß Männer andere Strategien bei Angst haben, ist fast so deutlich wie ihr höheres Aggressionspotential. Ihre Methode, mit Angst umzugehen, unterscheidet sich diametral von der weiblichen Art. Im Kapitel »Wie Männer hart gemacht werden und dennoch ängstlich bleiben« zeichne ich den Weg nach, der in der Psyche eines Jungen auf seinem Weg zum Mann verläuft. Die Art und Weise, wie Jungen auch heute noch erzogen werden, erzeugt viele Quellen für ihre Angst vor den Frauen. Daß Jungen beigebracht wird, ihre Angst zu verstecken, ist deutlich. Der Geschlechter spaltende Satz »Du bist doch ein Junge...« ist keineswegs aus den Kinderzimmern verschwunden. Er ist für viele Nöte der Männer mitverantwortlich, denn Väter, Mütter und andere Erwachsene sind die entscheidenden Weichensteller für die Weltsicht ihrer Kinder und für ihr Verhältnis zum anderen Geschlecht, bis hinein ins Erwachsenenalter.
Daß Menschen durch ihre Erziehung zu dem gemacht werden, was sie später darstellen, ist eine Binsenweisheit. Wenn das Ergebnis auch nicht immer den Wünschen entspricht, läßt sich doch häufig zeigen, wie das Wechselspiel zwischen elterlicher Aktion und kindlicher Reaktion verläuft. – Ein Hund bettelt am Tisch, er wird mit freundlicher Stimme gescholten und erhält dennoch sein Häppchen. Er wird weiter betteln, daran zweifelt niemand. – Daß Kinder, verzeihen Sie den Vergleich, ebenso »erzogen« werden, daran glauben nur wenige.
Ein spektakuläres Beispiel aus der Tierwelt erläutert, wie notwendig »Formung« sein kann. Rhesusaffen, die erwachsenen Artgenossen nicht bei Paarungen zuschauen konnten, bleiben später kopulationsunfähig, sie haben nicht gelernt, wie Fortpflanzung praktisch funktioniert. – Was veranlaßt uns zu glauben, wir würden am besten nur zuschauen, wie sich ein Mensch – von allein – zu einem vernunftbegabten Wesen entwickelt, daß die Natur uns, den genetisch weniger vorpro-

grammierten Menschen, ohne Erziehung zu dem macht, was wir sind?

Die Mutter und der Vater, die heimlich – vielleicht sogar ohne es wahrzunehmen – über die Wildheit ihres Dreijährigen lächeln, der eine Blumenvase umwirft oder Essen durch die Küche feuert, könnten die Eltern sein, die sich einige Jahre später von den Aggressionen ihres Kindes irritiert zeigen. Es gibt viele Arten, negative männliche Muster auf den Weg zu bringen. Kleine Unarten und große Rollenbilder vererben sich auf die gleiche soziale Weise. Auf diesem Pfad kommt konkrete Angst in einen Jungen, und auf diesem Weg lernt er, diese Angst zu verstecken. Hier entwickelt der Jüngling seine mögliche Scheu vor und seine Erwartung an Frauen. Bevor der Knabe in die Schule geht, hat er ein Bild von jungen Frauen; die Mädchen, die ihn umgeben, bilden den Prototyp. Ein Bild von erwachsenen Frauen, entwickelt aus den Müttern, Nachbarinnen oder Tanten in seiner Nähe und ein Bild von erwachsenen Männern, abgeleitet von den Vätern, Nachbarn und Verwandten in seinem Umfeld. Und ein Bild von kleinen Männern – sich selbst.

Vielleicht erinnern Sie sich an den Film »Gloria«, in dem ein kleiner Amerikaner italienischer Abstammung, nachdem seine ganze Familie von der Mafia ermordet wurde, mit dem Satz »Ich bin jetzt der Mann« seine Beschützerin Gloria traktiert, die ihn vor den Nachstellungen der Mafia beschützen will. Auch der Vater, der zur Kur verreist, verabschiedet seinen Sohn mit einem ähnlichen, auf den ersten Blick harmlos scheinenden Satz.

Diese Bilder werden sich in seinem Leben weniger ändern, als wir es erhoffen oder ihm wünschen. Solche »Prägungen« sitzen tief und meist sehr fest. Das Kind ist eine Tabula rasa, alles ist offen für sein erstes Rollenverständnis. Jedes *neue* Rollenbild, das ein altes ersetzen will, muß das alte Bild überlagern, sich in der Auseinandersetzung mit diesem als wirksamer erweisen, bevor es seine Stelle übernehmen kann.

Angst und Partnerschaften

Früh verlieren Kinder das unbekümmerte Miteinander. Verspielt, ein wenig unsicher begegnen sich pubertierende Jungen und Mädchen, wenn sie spüren, daß das andere Geschlecht Anziehungskraft auf sie ausübt. Scheinbar ist alles neu, wenn die ersten Anzeichen der Spannung zwischen den Geschlechtern sichtbar werden, wenn das andere Geschlecht eine magische Anziehung ausstrahlt und eigenwillige, vorher unbekannte Gefühle den eigenen Körper und die Seele verwirren.

Wer käme da auf die Idee, daß beide bereits ein Programm für die weitere Entwicklung parat haben. Das schon dem Kleinkind eingespeiste Rollenmuster tritt in Aktion. Es wird nach und nach ausgepackt und verwirklicht, denn das Programm arbeitet mit Langzeitwirkung. Leider ist es besser verankert als die Fähigkeit, dem Augenblick der ersten vorsichtigen Annäherung zwischen den Geschlechtern Bedeutung zu verschaffen.

Das Karussell der Vorurteile läuft an. Der junge Mann erlebt vielleicht, daß seine Freundin ihn auslacht, wenn er sich ungeschickt oder zu stürmisch verhält. Sie verbindet damit keine Abwertung, doch er ist verletzt. Im schlimmsten Fall traut er sich nicht einmal, seine Verletzung einzugestehen. Männermuster beginnen ihr zerstörendes Werk. ER darf sich keine Blöße geben. ER verschweigt seine weicheren Empfindungen, zumindest seine Verletzlichkeit. Er spielt den Starken. Hofft er vielleicht noch, sich bei einer neuen Freundin weniger verstecken zu müssen, entscheidet er in der Regel bald: »Es ist immer so. Ich muß mich verschließen. – Vor Frauen muß ich auf der Hut sein.« Seine Vorgabe, auch eine seelische Verletzung ohne erkennbare Gemütsbewegung hinzunehmen, bringt ihn in seine schwierige Lage. Daß er selbst die Ursache seiner Abschottung ist, wird dem jungen Mann selten bewußt.

Vorurteile werden zum vermeintlich sicheren Wissen. Die Vorerfahrung zieht Schubladen auf, in die Frauen versenkt werden. Das männliche Bild von Frauen verfestigt sich. Das auf der Hut sein müssen vor Frauen wird zur Rollenstruktur wie vieles andere. Männer begegnen Frauen, ohne ihre Einmaligkeit auch nur erahnt zu haben.

Partnerschaften leiden erheblich unter dieser Abschottung. Solange die Erziehung von Jungen *keinen* Schwerpunkt darin hat, eigene Empfindungen ernst zu nehmen, Menschen aufmerksam wahrzunehmen, sich mit ihnen über diese Wahrnehmung offen auszutauschen *und* Gefühle von Verletzung und Angst zu offenbaren, werden diese Trennungslinien der Geschlechter bestehen bleiben. »Stehkragen-Beziehungen« nannte es ein Fünfundvierzigjähriger und beschrieb damit seine eigenen Beziehungen der letzten 25 Jahre. Rollen hätte er gespielt, sich stets gefragt, wie ein Mann sich zu verhalten habe, wie er sich selbst richtig verhalten müsse. Steif wie eine »hölzerne Marionette« sei er sich vorgekommen, nichts hätte er wirklich gefühlt oder wahrgenommen. Erst die Scheidung, die seine Frau einreichte, rüttelte ihn äußerst unsanft wach.

Männer entscheiden sich normalerweise für Distanz. »Sich fallen lassen« ist keine typisch männliche Fähigkeit. Männer bevorzugen es, in der Reserve zu bleiben, und verschleiern ihr Ressentiment gegen allzu vertrauten Kontakt. Wer würde schon glauben, daß sogar vollendete Manieren Angst und Fluchtmechanismen ausdrücken können. Der »einsame Wolf« ist die Beschreibung einer Männerspezies, die es wesentlich häufiger gibt als die »einsame Wölfin«. Einsamkeit ist eine Domäne der Männer.

Läßt sich dieses Distanz-Modell in Männerbeziehungen relativ einfach aufrechterhalten, wird der Versuch, sich auf ähnliche Weise auch vor Frauen zu schützen, nur schwer zu verwirklichen sein.

Solange der Mann die Nähe zur Frau als erstrebenswert (ein)-

schätzt, wird er im Konflikt stehen zwischen seinem Distanz-Wunsch und seinem Nähe-Wunsch. Dieses Schwanken ist für Frauen weder leicht zu erkennen noch leicht zu verstehen.

Widersprüchlichkeiten dieser Art erleben Frauen seltener. Sie kennen den Konflikt »lieben und hassen« oder »Trauer und Glück«. Doch gleichzeitig Nähe und Abstand haben wollen, solche Konflikte bestimmen Frauen weniger. Bei Männern dagegen korrespondiert der äußere Konflikt mit einem inneren Konflikt. Der innere Konflikt heißt: sich offenbaren, alles herauslassen wollen, was schmerzt und belastet, und der äußere: sich von niemandem in die (seelischen) Karten schauen lassen, Stärke zeigen.

Einmal zurechtgezimmert, wird das Bild der Frau in den Männern zum Klischee. Zu einer machtvollen Gewohnheit. Beginnen wir beim Belegen eines Frühstücks-Brötchens: Häufig bestreichen wir die obere (oder untere) Seite zuerst. Wir erklären es mit der Macht der Gewohnheit, halb spaßig, halb ernst. Wenn wir das Telefon immer noch an einem Platz suchen, auf dem es schon seit einem Jahr nicht mehr steht, erklären wir es mit dem gleichen Prinzip. Wir entscheiden uns häufig für die gleiche Automarke, das gleiche Schuhgeschäft oder den gleichen Supermarkt für den Großeinkauf. Gewohnheiten. Ohne großes Nachdenken tun wir, was wir schon immer getan haben. Weit und breit von Macht keine Spur. Ist ›Macht der Gewohnheit‹ doch nur eine Redensart, der Versuch, der eigenen Trägheit oder Schusseligkeit ein Mäntelchen umzuhängen? In vielen Fällen wird es so sein. Wir beschönigen unsere mangelnde Konzentration oder unsere Vergeßlichkeit.

Doch bei manchen Gewohnheiten, die fest in unseren Köpfen verankert sind, will das Wort uns glauben machen, es handle sich um unbedeutende Kleinigkeiten, denen wir anheimgefallen sind, wie der Vorliebe für eine bestimmte Farbe oder eine Urlaubslandschaft. Doch die Selbsttäuschung ist gewaltig, die wir mit dem netten Wort Gewohnheit beschreiben. Denn schon das Beiwort ›schlechte‹ fördert Brisanz zutage. Rauchen, Essen, langes Aufbleiben – sind die schlechten Gewohnheiten, die tiefer sitzen. Die meisten haben etliche (gescheiterte) Versuche hinter sich, davon loszukommen. Die Not der Menschen mit ihren Gewohnheiten ist damit allerdings noch nicht umfassend beschrieben. An die wirkliche ›Macht der Gewohnheit‹ gelangen wir erst, wenn wir die Muster betrachten, nach denen Ehekräche verlaufen oder Konflikte am Arbeitsplatz.

Gewohnheiten fesseln uns an das, was wir nicht (mehr) wollen. Gewohnheiten verändern ist schwieriger, als wir es uns vorstellen. Unsere Abnehmversuche oder der Satz »Ich laß mich nicht mehr ärgern« sind eher fromme Wünsche denn ernstliche Startschüsse zur Veränderung. Wir erkennen, wie schwer es ist, uns umzustellen, wenn wir uns, nach einem Unfall, den wir miterlebt haben, vornehmen langsamer Auto zu fahren. Veränderung ist harte Arbeit. Was wir nicht früh lernen, lernen wir später nur mit großer Mühe. Leider gilt dies erst recht für Männer und Frauen in ihren Geschlechterstereotypen.

Hat Mann akzeptiert, daß sein Weg, Ängste abzubauen, lang sein wird, kann er seine Ängste betrachten. Doch selbst diese harmlos scheinende Aufforderung streift die Grenze männlicher Gefühlsbelastbarkeit. Männer, die den Versuch wagen, und Frauen, die ihn aufmerksam begleiten, werden dies erfahren. Schon das ruhige Betrachten von Angst ist ein hartes Stück seelischer Entwicklungsarbeit. Von Männern verlangt sie Langmut mit sich selbst und von Frauen Geduld. Vorsicht. Geduld heißt nicht Toleranz, Nachsicht oder Akzeptanz. Ein wenig fordernde Weiblichkeit fördert die männliche Emanzipation. Ganz ohne sanften kontinuierlichen Druck wird ER sich kaum bewegen. Egal welche klugen Einsichten er über seinen Zustand produziert. Das ist kein Mißtrauen, das ist Wissen.

Niemand verändert freiwillig Gewohnheiten. Gewohnheiten sind vertraut, auch die Angst vor Frauen. Mann hat sich mit ihr arrangiert. Das kleine Stück Zufriedenheit mit den momentanen Verhältnissen hält er lieber in der Hand, als nach dem Glück auf dem Dach zu greifen.

2
Huren und Heilige
Frauenbilder im Männerdschungel

Die männlichen Sagen vom Innenleben der Frauen gruppieren sich um zwei eng verschmolzene Kerne: Männer sehen in Frauen entweder Huren oder Heilige. Mit diesem Modell erklären sie eigene Lebenskrisen, Beziehungsschwierigkeiten, gescheiterte Ehen und sexuelles Versagen. Nach diesem Bild entwerfen Männer ihre Strategien wie sie auf Frauen zugehen, leiten den Wert einer Frau oder einer Beziehung ab. Das Modell bildet die Grundlage für die Entscheidung, eine Frau zu mögen oder sich von ihr abzuwenden. Das Bild der Männer von Frauen hat zwangsläufig fatale Ähnlichkeit mit Aberglauben und Mythen, deren wahre Kerne irgendwann verlorengegangen sind.

Zwei diametral verschiedene Ansprüche an Frauen liefern die Basis der männlichen Legendenbildung und lassen zwei ebenso unterschiedliche Bilder von Frauen entstehen.

Für einen Mann über Zwanzig sind Frauen primär mögliche Sexualpartner, weil seine Hoffnung auf eine tiefe und vertrauensvolle Beziehung bereits erste Blessuren hinnehmen mußte.* Huren, käufliche Frauen mit einer – in der männlichen Phantasie – totalen und lustvollen Ausrichtung auf Sexualität, sind der Archetyp dieses Frauenbildes.

Diese Sichtweise zieht eine Vielzahl weiterer Vorstellungen von Frauen und Sexualität nach sich. Sie sind keineswegs zwingend oder logisch, doch einmal angestoßen, entwickeln

* Näheres im Kapitel »Wie Männer hart gemacht werden«

Legenden ein Eigenleben. Ihre konkrete Form nehmen sie an, weil jeder Mann eine persönliche Weiterentwicklung seiner Legende vornimmt. Sie stützt sich auf schlechte Erfahrungen, die fast immer auf einer fehlerhaften Interpretation weiblicher Bedürfnisse beruhen.
Übernommene Legenden anderer Männer kommen hinzu und machen die eigene Legende perfekt. So berichtet mir ein dreißigjähriger Mann, Frauen mit Damenbart hätten ihn als Achtzehnjährigen sehr irritiert, er hätte solche Frauen als unweiblich betrachtet. Durch einen Onkel erfuhr er eine gänzlich andere Wertung. Der Onkel versicherte ihm, Frauen mit einem leichten Haaransatz zwischen Nase und Oberlippe seien besonders erlebnisfähig. Spontan übernahm der Achtzehnjährige diese Einschätzung. Seine Irritation war einer positiven Einschätzung gewichen.
Wie verschlungen sich das Bild weiterentwickelt, zeigt der Aspekt Käuflichkeit. Die Hure betreibt ein Gewerbe, sie wird für ihre Dienste bezahlt. Und das Bezahlen-müssen löst eine zwiespältige Reaktion aus. Eine überlegene Fähigkeit der Frau, Lust zu bereiten, wird damit begründet. Dem Mann zeigt das Bezahlen an: Seine Gegenleistung ist zu gering, er kann mit der Lust, die er der Frau bereitet, nicht genug zurückgeben. Erst eine materielle Aufstockung kann die größere, von der Frau geschenkte Lust ausgleichen. Mancher männliche Minderwertigkeitskomplex entsteht hier, beweist der finanzielle Ausgleich dem Mann doch, Frauen geben den Männern mehr, als sie bekommen. Wäre es umgekehrt, müßten die Männer gekauft werden.
Nun will und glaubt der Mann, daß die ideale Hure ihre Arbeit ganz *und* gern tut. Das Ideal gibt emotional mehr, und das Ideal empfindet mehr als der Mann. Käuflichkeit beweist dem Mann damit auch die größere Erlebnisfähigkeit der Frauen. Darauf ist ein Mann, wenn auch versteckt, neidisch, denn unterlegen will er sich nicht fühlen.
Und dann das totale Gegenteil. Frauen als Heilige. Als erstes

wird ein Gegengewicht, gegen die Sexualität, die in die Hure übermächtig hineinphantasiert wird, gesetzt, als zweites sollen Frauen einer Vorstellung von Reinheit genügen, die Männer fordern oder erhoffen. Das Wort *rein* im Zusammenhang mit Frauen hat dabei vielfältige Bedeutung: Jungfräulichkeit, Freisein von jeder Boshaftigkeit, Güte des reinen Herzens, reine Liebe, reine Fürsorglichkeit und ein verzerrtes Bild von Mutterschaft, das sich in der »unbefleckten Empfängnis« der christlichen Mythologie wohl am deutlichsten manifestiert. Heiligkeit, frei von jedem Eigeninteresse, jeder Ausschweifung, jeder Untugend und damit (auch) Myriaden entfernt von Sexualität, die Männer fast ausschließlich in der ersten Mythe ansiedeln.
Selten sind sich Männer bewußt, wieviel Unmögliches in diesem Frauenbild liegt. Selten gestehen sie sich und ihrer Umgebung dieses unrealistische Szenario ein, oft würden sie wahrscheinlich leugnen, mit diesem Bild von Frauen überhaupt irgend etwas im Sinn zu haben. Dennoch bestimmt genau dieses Bild die innersten Phantasien. Glücklich können Männer mit diesem Moloch von Frauenbild nicht werden. Sie tragen es in sich, wie einen bösen Zauber, von dem sie nicht loskommen, über den sie selten frei reden können. Dennoch jagen sie diesem Frauenbild nach, bewußt oder unbewußt. Dieses Bild, weniger die realen Erfahrungen, bestimmt, welche Frauen sie schätzen oder verehren.
In abgeschwächter oder versteckter Form sind die meisten Männer gefangen in diesen Vorstellungen von Frauen. Beschäftigen wir uns zuerst ausführlicher mit der Heiligen.
Männer erwarten, daß Frauen ihnen ihre vielfältigen Fehltritte (immer wieder) verzeihen. Männer erhoffen Verständnis für ihre Eskapaden – trinken, sich in Kneipen herumtreiben, Geld unnötig ausgeben oder Streit, den sie aus heiterem Himmel vom Zaun brechen, und vieles mehr. Sie verlangen Nachsicht gegenüber ihrer Aggressivität oder ihrem mangelnden Einfühlungsvermögen. All das erwarten Männer, wie

(manche) Kinder, die von der grenzenlosen Geduld ihrer Mütter überzeugt sind. Hinzu kommen die Forderungen an die Tugenden der Frauen, an ihre Freundlichkeit, ihre Langmut, ihr Ausgleichen, ihre Liebe, ihre Zärtlichkeit. All diese verzerrten Erwartungen spiegeln das verdeckte Rollenbild.

Nur wenigen Männern fällt auf, daß all diese Tugenden, die sie in die Frauen hineinprojizieren, die sie oft sogar regelrecht einpflanzen und züchten wollen, in ihnen selbst kaum vorhanden sind. Diese Wünsche und Phantasien stehen in deutlichem Widerspruch zu den ganz anderen Gefühlen, mit denen Männer alltäglich umgehen oder kämpfen: Neid, Aggression, Egoismus oder Schadenfreude sind Beispiele für die emotionale Gegenwelt, in der Männer glauben, sich behaupten zu müssen. Frauen hingegen sollen all die Eigenschaften verkörpern, die Männer an sich vermissen, die sie nicht besitzen oder nur selten hervorholen können. Das Sanfte, das Friedliche sind die Eigenschaften, die ein Mensch (Frau) besitzen muß, mit dem Männer gern zusammen wären. Dieser Mensch würde ihm, dem Mann, keine Angst machen. Er könnte sich dann – unbedroht und entspannt – zurücklehnen und ausruhen vom harten Männerleben. Nur mit diesem Jemand, der ganz anders wäre als er selbst, könnte er Ruhe finden, denn bei Menschen seines Schlages kann er dieses Sich-fallen-lassen, Sich-sicher-fühlen nicht finden. Männer haben oft große Schwierigkeiten, ein Vertrauensverhältnis, das diesen Namen verdient, zu einem anderen Mann aufzubauen. Wären alle so wie er, müßte er ständig auf der Hut sein vor Angriffen oder Intrigen. Das Teilbild der Frau als Heilige entpuppt sich so als seelisches und soziales Ruhekissen. Es verschafft dem Krieger den Raum, neue Kraft zu schöpfen. Er braucht ihn. Er hat den ständigen Konkurrenzkampf auf seine Fahne geschrieben, doch kann er ihn auf Dauer weder aushalten noch führen, wenn er sich nicht irgendwo ausruhen kann.

Trotz so viel verzerrter Wahrnehmung und egoistischer Rollenbestimmung liegt dennoch ein wirkliches Mysterium im Bild der Heiligen verborgen: Mutterschaft. Männer wissen instinktiv, hier geschieht etwas, von dem sie letztlich ausgeschlossen bleiben. Die warme und fürsorgliche Beziehung zwischen einer stillenden Frau und ihrem Neugeborenen bleibt etwas Unerklärliches. Anlaß genug, sich vor eigenen tiefen Regungen zu verstecken.

Leider kommen Männer selten bewußt in die Nähe solcher Erkenntnisse, sie scheuen zurück vor Erlebnissen, die sie aufwühlen würden, ließen sie sich darauf ein. Sie wollen ihrer Frau helfen oder beistehen während der Geburt – und verschanzen sich doch schnell hinter eigener Not: »Ich kann deinen Schmerz (im Kreißsaal) nicht mitansehen.« Die Flucht beginnt mit einer wenig logischen Erklärung, denn vom Nichthinsehen wird der Schmerz der Frau kaum kleiner. Ein Vater schilderte mir, wie er so sehr mit der Videoaufnahme der Geburt beschäftigt war, daß er nicht bemerkte, daß seine Frau ihn immer wieder fast flehentlich ansah, damit er sie wenigstens bei den Preßwehen stützte. Erst beim Betrachten des Videos erkannte er ihren Hilferuf.

Die Behauptung, Männer stünden ihren Frauen in schwieriger Zeit zur Seite, erweist sich, wie so oft, nur als der Wunsch des Mächtigen.

Männer, die die beeindruckende Erfahrung einer Geburt in sich aufnehmen, beeinflußt dieses Erlebnis noch lange und vielfältig. Es bestärkt das Bild der Frau als Lebensspenderin, es schwächt das irreale Mysterium der Heiligen. Das Werden des neuen Lebens steht ganz im Vordergrund.

Zum anderen läßt die Nähe zwischen Neugeborenem und Mutter Männer die Urszene ihres eigenen Wunsches nach Geborgenheit nochmals erleben. Sie schlagen unbewußt eine Brücke zur eigenen Kindheit und dem Vertrauen, das sie mit ihrer eigenen Mutter verbunden hat. Darüber hinaus ergibt sich die Chance, Frauen real zu begegnen, sie als wirkliche Menschen zu sehen, deren Schmerzen und Leiden während der Geburt selten in das Bild der Heiligen passen. Denn ganz unheilig kann eine Frau wütend werden, fliehen wollen oder den Tag verfluchen, an dem sie schwanger wurde, und sich dennoch auf IHR Kind freuen.

Auch wenn viele Männer sich vordergründig solchen Erkenntnissen und Empfindungen entziehen, bleibt schon allein die Nähe zu einem solchen Erlebnis nicht ohne Einfluß. Vieles, was der bewußt teilnehmende Mann an Gefühlen erlebt, erreicht den Flüchtenden unterschwellig. Der Mann jedoch, der sich diesem Erleben zu entziehen sucht, verfängt sich noch stärker in seinen Klischeevorstellungen. Die aufgetürmten Geschlechterbarrikaden in seinem Inneren werden höher.

Der Gegenpol zur Heiligen, die Hure, ist für den Mann nicht weniger kompliziert.

Frauen bleiben die Objekte der männlichen Lust. Sie sind die Auslöserin und Partnerin für den wilden und hemmungslosen Rausch. So jedenfalls will eine Mehrzahl von Männern ihre sexuellen Bedürfnisse beschrieben wissen. »Orgien, Lasterhaftigkeit, unstillbares Verlangen« sind die Wünsche, die sie an ihr Sexobjekt stellen. (In Meinungsumfragen heißt es etwas keuscher: Abwechslung.) Zumindest in der Phantasie. Und die ist reichlich im Spiel, wenn es um Männer und Sexualität geht, und das in mehrfacher Hinsicht. Zuerst fällt auf, daß Männer immer neue Wünsche für den Ablauf und die Inhalte ihrer sexuellen Aktivitäten haben, als läge das Besondere der Sexualität in der ständigen Entdeckung neuer Reize, die sich auf Ort, Zeit, Rahmenbedingungen und andere Faktoren beziehen. Zum anderen ist viel Phantasie im Spiel, wenn Männer über ihre sexuellen Heldentaten berichten. Über die Zahl ihrer Verhältnisse, die Zahl der Orgasmen und die Intensität weiblicher Nachstellung (»Die war ganz verrückt nach mir!«).

Betrachten wir diese zweite Seite der Frauenbilder etwas genauer. Meinungsumfragen sind kein gutes Mittel, Männerphantasien auf diesem Sektor zu erforschen. Doch auch die zotigen Männerrunden, in denen solche Phantasien gelegentlich offenbart werden, sind kein sicherer Beweis, daß Männer solche Bilder von Frauen als Wunsch oder Zielvorstellung mit sich tragen. Hilfreicher für eine Analyse sind die Gespräche, die ich mit Männern führte. (Auch mit vielen Männern ohne sexuelle Probleme.) Hier tritt schnell ein wahrhaft wildes Gemisch von ausgefallenen Wünschen zutage. Viele Phantasien enden bei Gewaltvorstellungen, bei denen ich sicher bin, daß keiner der Männer es wagen würde, sie an seine Partnerin heranzutragen. Mir scheint es trotzdem wichtig, daß Frauen mehr über solche verborgenen Wünsche oder Nöte und die ihnen zugrundeliegenden Bilder und Mechanismen erfahren. Ebenso wichtig ist es aber auch für Männer, zu wissen, daß andere Männer ähnlich verquere Vorstellungen von Frauen haben. Erst dann erkennen sie, in welche Sackgasse sie mit ihrem Frauenbild geraten sind.

Zurück zu den Huren, der Männerphantasie, in der die Frau einerseits ein lüsterner Moloch und damit angstauslösend, andererseits eine alles mittragende, stets gewährende, immer dienende, auch die ausgefallensten Wünsche befriedigende Dienerin ist. Die Phantasien von Männern werden von solchen Vorstellungen vielfach beflügelt, und diese Grundannahmen fließen oft ungewollt oder unterschwellig in praktizierte Sexualität ein. Sie hat damit einen weitaus höheren kopflastigen Anteil, als ihnen selbst bewußt ist. Sexualität ist weniger das sinnliche, stark auf körperliches Erleben gerichtete Geschehen, sondern etwas, das sich im Kopf abspielt. Bloße Phantasien oder das Überschreiten von Tabus werden zur Lust erhoben. Solange sich Sexualität vor allem im Kopf abspielt und die realen, sinnlich erfahrbaren Reize nur zweitrangig sind, ergibt sich auch nur eine reduzierte Erfahrung, die selten wirkliche Befriedigung verschafft.

Ein Beispiel. Horst, 39, ein ehemaliger Lehrer, jetzt Lehrlingsausbilder. Er kommt wegen sexueller Schwierigkeiten zu mir. In der dritten Sitzung (vorher testete er mich mit anderen Problemen, die ihn weniger belasteten) berichtet er über sein wirkliches Handikap. Er ist verheiratet, sie haben ein Kind, und er ist treu. Doch in der Sexualität hat er sich »in eine blöde Sache verrannt«. Mit 18 hat er sich den Film »Die Geschichte der O.« angesehen. Ein für die damalige Zeit eher harter Porno. Dieser Film, genauer gesagt sein Bild von der hypnotisiert gehorchenden O., läßt ihn nicht mehr los. In Horsts Erinnerung zeigt der Film die Geschichte einer Frau (jener O.), die zu sexuellen Handlungen gezwungen wird und mit der Zeit in eine immer größere Abhängigkeit von ihrem Herrscher (wie Horst es nannte) gerät. Sie erfüllt willenlos die Erwartungen dieses Mannes, der sie nicht selbst »benutzt«, sondern sie »nur« zu immer perverseren Handlungen mit anderen zwingt, mit einem deutlichen Übergewicht auf sadistischen oder masochistischen Szenen. Diese Bilder fesseln Horst. Er entwickelt immer neue Phantasien, in denen die verängstigte, gehorchende O. Opfer sadistischer »Spiele« ist.

Horst ist in seinem realen Leben alles andere als ein Sadist, er ist weich, freundlich, eher offen. Diese Seite seiner sexuellen Bilder ist kein Teil seiner ehelichen Sexualität. Seine Not beschränkt sich auf seine Probleme mit diesen Bildern, die er eigentlich nicht will, die jedoch eine magische Anziehung auf ihn ausüben.

Horst ist keinesfalls gestört, er ist eher das Opfer seiner Empfindsamkeit. Ein problematisches familiäres Umfeld hat ihn verunsichert, er ist selbst so etwas wie ein willenloses Werkzeug in den Händen vieler Menschen, zum Beispiel an seinem Arbeitsplatz.

Schlimm ist diese Phantasiewelt für ihn, weil der Genuß mit der eigenen Frau schal bleibt, weil er keine wirkliche sexuelle Begegnung mit seiner realen Partnerin zustande bringt, seine

Phantasien sind ihm immer wieder im Weg. Tragisch, doch nicht ungewöhnlich.
Horsts Weg heraus aus diesen Phantasien war schwierig. Seiner Frau konnte er nur sehr vage von seinen Schwierigkeiten berichten. Viele seiner Vorstellungen über seine eigene Erlebnisfähigkeit waren falsch. Horst mußte sein Fühlen ganz neu aufbauen. Er begann damit, »genießen« zuzulassen, denn sich berühren lassen und dieses Gefühl als angenehm zu empfinden, waren ein erster Schritt. Seine Phantasien verloren sich in dem Maße, in dem er seine Wahrnehmung und seine Fähigkeit, Berührung zu genießen, erweitern konnte.
Ich habe Horst als Beispiel gewählt, weil bei ihm deutlich wird, wie die Phantasiewelt eine reale Beziehung überschattet. Männer stecken häufiger in dieser Klemme, als Frauen glauben. Horsts Frau wußte absolut nichts von seinem Kummer, er hatte es verstanden, ihn über mehrere Jahre vor ihr geheimzuhalten. Das Unbefriedigende ihrer gemeinsamen Sexualität hatte sie allerdings bemerkt und häufiger angesprochen.
Horst ist aber noch für einen anderen Aspekt ein treffendes Beispiel: Männer sehen einen Film, lesen ein Buch, hören etwas von anderen oder haben eine reale sexuelle Erfahrung. Diese Episoden treffen auf Erwartungen, auf Rollenbilder, die vorher bestanden, aber erst jetzt ihre eigentliche Bedeutung erlangen. Gemeint sind Vorstellungen, die sich ein Mensch über seine Entwicklung oder allgemeine soziale Regeln gebildet hat. Sie entstehen durch Erziehung und Umgebung. In diesem Fall, und das gilt häufig für Männer, hatte Horst die Erwartung einer willenlosen Sklavin für die weibliche Sexualität *vorher* aufgebaut. Er hätte diese Worte wohl niemals gebraucht, aber sie beschreiben seine Prägung. Der Film »Die Geschichte der O.« paßte hinein, und die Form wurde so mehr oder weniger endgültig bestimmt. Die Erwartungen an Frauen (nicht die konkrete Ausformung) entwikkeln sich schon deutlich vor der Pubertät. Sie bilden eine

Grundlage für das spätere Sexualverhalten, noch bevor der eigentliche hormonelle Prozeß in Gang kommt.*
So sind sehr viele Männer auf der Jagd nach ihrer Phantasiewelt. Und Männer sind stärker, als Frauen es sich vorstellen können, damit beschäftigt, wenigstens Teile ihrer sexuellen Wünsche in die Wirklichkeit zu holen.
Eine auf diese Weise verbogene Sexualität zurechtzurücken ist schwierig. Spätere Veränderungen werden immer gegen diese frühe Formung ankämpfen müssen. Die Sexualität bleibt eine Sache der Phantasie, und die so fixierten sexuellen Bilder können die Begegnung zwischen einem Mann und einer Frau vielfach stören. Selbst wenn die frühen Vorstellungen unbewußt sind, bilden sie den Vergleichsmaßstab für reale sexuelle Begegnungen mit der »phantasierten« Vorstellung. Diese Mechanismen sind nicht zuletzt darum so wirksam, weil Männern gründlich beigebracht wurde, das, was sie in einem bestimmten Augenblick ihres Lebens wirklich spüren, für unwichtig zu halten. Männer erfüllen die Programme, die sie mit ihrer Sozialisation aufgenommen haben, und sie orientieren sich stärker an den vorgegebenen Rollenzuweisungen als an ihrer Wahrnehmung oder ihren Empfindungen.
Ein recht einfühlsamer Mann beschrieb die Entwicklung seiner Sexualität in der Zeit zwischen zwanzig und dreißig: »Mein Vater hatte mir beigebracht, Frauen lieben lange Vorspiele, also nahm ich mir viel Zeit, die Frauen zu streicheln. Aber einmal eingedrungen, hatte ich dann nach wenigen Minuten einen Orgasmus. Meine jeweilige Partnerin war verständlicherweise enttäuscht. Ich habe Jahre gebraucht, die Zärtlichkeit auch in die Vereinigung einzubeziehen. Ich hatte nie gelernt, die Wünsche von Frauen wirklich wahrzunehmen, ich war felsenfest überzeugt, mit meinem Vorgehen nach den Vorgaben meines Vaters alles richtig zu machen.«

* Im Kapitel »Wie Männer hart gemacht werden und dennoch ängstlich bleiben« gehe ich ausführlicher auf diese Fragen ein.

Soviel an dieser Stelle über die Art, wie Männer oder Jungen ihre vorgeformten Bilder von Frauen entwickeln. Manche Leserin mag versucht sein, diese Schilderung als reichlich überzogen und einseitig zu verwerfen, weil sie glaubt, daß die Männer, die sie kennt, oder zu kennen glaubt, keine solch monströsen und eindimensionalen Frauenbilder haben. Es wäre viel gewonnen und würde an dieser Stelle sicher genügen, wenn auch die kritische Leserin glauben könnte, daß in Männerköpfen viel Unaussprechliches geschieht.
Die Beispiele auf den folgenden Seiten werden erkennen lassen, was in der pointierten Darstellung der Thesen unwahrscheinlich klingen mag.

Geschichtliches. Beginnen wir unseren Nachweis der männlichen Nöte mit dem Frauenbild in der unverfänglich scheinenden Zeit unserer Groß- oder Urgroßeltern. Werfen wir einen zwanglosen Blick in die Schlafzimmer, und erinnern wir uns für einen Moment der Bilder, die dort in vielen Familien zu finden waren. Neben dem röhrenden Hirsch oder der malerischen Bergklamm fand sich dort unverhältnismäßig oft das Bild einer ruhenden, oft lesenden Frau oder Heiligen, meist in einer romantisierend übersteigerten Höhle oder Landschaft. Auch das in kräftigen Farben gemalte Portrait einer Zigeunerin gehörte in viele Schlafzimmer.
Die Schlafzimmerbilder des beginnenden 20. Jahrhunderts hatten in vielen Variationen Frauen mit entblößten, teilentblößten oder deutlich erkennbaren weiblichen Formen zum Thema. Den eigentlichen Sinn solcher Darstellungen verschleiernd, waren sie nach Göttinnen betitelt, oder bei recht farbenfrohen Bildern zeigten sie die jungen Zigeunerinnen oder wohlproportionierte Mädchen vom Land. Bedenkt man die wilhelminische Moral dieser Zeit, wird der Zweck dieser Darstellungen schnell erkennbar: Gib einer Sache eine beruhigende Überschrift, und selbst der sexuellen Stimulation dienende Darstellungen, die man sonst vor allem aus dem

sinnenfrohen Mittelalter kannte, werden salonfähig. Hier begegnet uns schon das Problem mit dem Frauenbild. Die getarnte Anregung hatte einen weiteren Aspekt: In diesen Bildern wurde etwas verknüpft, das das Leben selten anzubieten hatte, die Verbindung Hure und Heilige. Bedenkt man, wie prüde diese Zeiten ansonsten waren, wird deutlich, daß die Bilder einerseits die sexuelle Stimulanz unserer Großeltern zeigten und daneben die auch damals schon in Männerköpfen spukende Doppelgesichtigkeit des weiblichen Ideals.

Filme der damaligen Zeit hatten häufig verruchte Frauen zum Thema, denen aber ein heldenhafter oder sonst ehrenhafter Aspekt beigemischt wurde. Marlene Dietrich als »Blauer Engel« sei als ein weltbekanntes Beispiel angemerkt. Auch hier wird eine Synthese der so gegensätzlichen Aspekte der männlichen Traumfrau angestrebt. »Lolita« wäre eine Figur der Literatur, die den Wunsch, Heilige und Hure zu verbinden, unterschwellig repräsentiert. Auch sie stellt eine idealtypische Verknüpfung der lasterhaften Seite und der kindlich reinen Seele dar.

Die filmischen Versuche mit dieser Tendenz nach dem Zweiten Weltkrieg werden mit der zunehmend liberaleren Haltung weniger deutlich erkennbar. Doch das biblische Thema der Wandlung des Saulus zum Paulus, in weiblicher Besetzung, wird immer noch variiert: Kaum jemand macht sich bewußt, daß die zarte zerbrechliche Audrey Hepburn in »Frühstück bei Tiffany« so etwas wie ein Callgirl repräsentiert. Unterschwellig allerdings wird diese Botschaft prägnant übermittelt. Und damit lebt sie weiter, die Hure in Heiligengestalt oder umgekehrt. Je nach Geschmack.

Kleiderordnung. Doch die kulturellen Fixierungen des männlichen Versuchs, Feuer und Wasser zusammenzubringen, sind Randszenen. Sie spielen weit ab vom eigentlichen Konflikt der Männer. Denn der findet seinen imaginierten

Höhepunkt darin, im Alltag beide Frauenextreme zu vereinen. Ein Beispiel ist die Mode. Fast regelmäßig spielt sich folgender Konflikt ab. Ein Mann nimmt mit freudiger Anerkennung und geweiteten Augen ein gewagtes Kleid oder eine Rockvariante wahr, die ihm einen um einige Zentimeter erweiterten Ausschnitt des weiblichen Körpers zur Ansicht bringt. Je näher an Busen oder Po, desto freudiger. Doch diese Freude bricht jäh zusammen, wenn die Ehefrau oder Partnerin etwas Gewagtes trägt. Plötzlich wird das eben noch bei anderen Frauen mit großem Wohlwollen bestaunte Kleidungsstück zu einem aufreizenden Fummel, dessen eindeutige Verwendung für das horizontale Gewerbe jedermann (pardon, jede Frau) erkennen muß. Mann ist verärgert. Die Realität seines unvereinbar zweigeteilten Frauenbildes hat ihn wieder eingeholt. Manche Männer werden einwenden, daß sie auch ein gewagtes Kleid an ihrer Partnerin schätzen, ihr sogar vorschlagen, es zu tragen. Meist wird allerdings bald klar, was damit gemeint ist: Sie solle es doch bitte als Teil eines Vorspiels oder nur in den eigenen vier Wänden tragen.

Der Konflikt findet möglicherweise auch nur innerlich statt. Ein raffiniertes Kleid wird mit offenen oder heimlich begehrlichen Blicken bestaunt. Doch die Vorstellung, die eigene Frau würde sich in einem solchen »scharfen Teil« der Öffentlichkeit präsentieren, löst heftige Abwehrreaktionen aus. Der Konflikt bleibt gleich – das unvereinbar zweigeteilte Frauenbild: Die Ehefrau tendiert meist wesentlich stärker in den Bereich der Heiligen, und der Genuß einer animierenden Aufmachung wird ausgegrenzt.

Die gesellschaftliche Toleranz gegenüber weiblicher Nacktheit verschiebt sich immer stärker. Die stillschweigende Duldung barbusig sonnender Frauen selbst in ländlichen Schwimmbädern ist ein Hinweis. Doch diese Liberalisierung ändert das Problem nicht, es verschiebt sich höchstens die Schwelle, an der ein Konflikt virulent wird.

Pornografie ist ein weiteres Thema mit einer großen Kluft

zwischen männlicher Phantasiewelt und Realität. Für viele Männer entwickelt sich aus ihrem Bedürfnis nach maximaler optischer Stimulanz und den minimalen realen Möglichkeiten, das Gesehene und Gewünschte auch in die Tat umzusetzen, eine seelische Last, die für Frauen kaum vorstellbar ist. Selbst Männer, die für Sex bezahlen, werden von diesem Konflikt eingeholt, denn die käufliche Liebe bietet in den seltensten Fällen auch nur einen Hauch des in der pornografischen Darstellung oder in der Phantasie entwickelten Lustgeschehens – meist geht es schnell und recht gefühllos zu. Der Satz: »Bist du bald fertig?« und die Hurenehre: »Freier werden nicht geküßt!« holen den Träumer bald auf die Erde zurück. Oft bleibt nur der Reiz, etwas Verbotenes oder Unanständiges zu tun, als schlechter Ersatz für gefühlvolle Sexualität.

Sexuelle Konflikte von Männern

Aber auch wenn die Sexualität zwischen Mann und Frau funktioniert, schiebt sich die unauflösliche Kluft des Frauenbildes möglicherweise dazwischen.
Ein Beispiel: Gerhard, 29, Maschinenbaustudent. Gerhard hatte aus seiner Sicht eine gute und befriedigende Sexualität mit seiner Freundin Inge. Doch sie klagte über mangelnde Zärtlichkeit. Nicht daß sie Gerhards stürmische Sexualität nicht genoß, sie wünschte sich einfach mehr Zärtlichkeit. Außerhalb des eigentlichen sexuellen Aktes konnte Gerhard zärtlich sein, doch sobald es konkret wurde, kippte sein System. Er mußte, fast wie im Zwang, alles mit Kraft, heftig und schwitzend vollziehen.
In einem Gespräch fanden wir heraus, daß Gerhard zwei Frauen liebte, seine kleine, zarte, alltägliche Inge, die Heilige eben; und im Bett liebte er die lustvolle, gierige Amazone. Erst im Gespräch erkannte er die beiden völlig unterschiedli-

chen Bilder. Ihm war schon immer aufgefallen: »Wenn wir miteinander schlafen, kippt irgendwann ein Schalter, und ein völlig anderes Gefühl entsteht.« Gerhard erarbeitete sich langsam ein ganzheitliches Bild seiner Sexualität, und damit konnte er schließlich auch Inge anders wahrnehmen. Zu Beginn lernte er, mit einem kleinen Kunstgriff Zärtlichkeit in die Sexualität zu bringen. Er kannte seinen »Schalter« und es gelang ihm bald, auch während sie miteinander schliefen, zärtlich zu sein.

Leider bleiben solcher Wandel und der Wunsch nach Veränderung eher Ausnahmen. Viele Männer verharren in ihrer Aufspaltung. Sie begreifen nicht, wo der Fehler liegt, und ihre verzweifelten Versuche, Hure und Heilige zu integrieren, scheitern. Ein anderes Beispiel: Walter, 45, Computerspezialist, war mit Christa, 43, verheiratet. Sie haben zwei Kinder. Trotz vieler Anläufe hatte sich zwischen ihnen keine wirklich befriedigende sexuelle Beziehung entwickelt. Sie mochten sich, hatten geheiratet, Kinder bekommen ... und schliefen seit über acht Jahren nicht mehr miteinander. Walter kämpfte mit seiner Lust auf andere Frauen und hatte wilde Phantasien, in denen er mit mehreren Frauen gleichzeitig zusammen war. Er liebte diese Träume, versuchte aber nicht, sie zu realisieren: »Ich habe Angst, was dann passiert.« Er fand Christas hängenden Busen nicht mehr anziehend, konnte ihre Hände nicht mehr an seinem Körper ertragen. Er erschrak bei Christas glasharter Analyse seines Zustands: »Du bist auf Playboyfrauen abonniert und hast keine Ahnung, was Nähe und Liebe bedeuten.« Christa hielt dennoch lange still, in der Hoffnung, Walter würde sich fangen und wieder einen Weg zu ihr finden. Doch allmählich war Walter nur noch als Hülle anwesend. Er war eher Besuch als Teil der Gemeinschaft. Das Leben der Familie fand ohne ihn statt. Walter vergrub sich in seiner Arbeit, und eines Tages lernte Christa einen anderen Mann kennen. Die Kinder waren 19 und 21 Jahre alt, und Christa entschied, daß eine Auflösung der Beziehung ihnen keinen großen Schaden mehr zufügen würde. Ihre Geduld war zu Ende.

Walter arbeitete diese Krise mit mir auf. Die sexuellen Probleme waren Ausdruck der allgemeinen Beziehungsschwierigkeiten. Christa war keine blühende Jugendschönheit mehr, und sie schaute schon lange nicht mehr ehrfurchtsvoll zu ihm auf. Diesen Wandel konnte Walter nicht verwinden, oder genauer, den Wandel zu einer gleichberechtigten Partnerschaft hat er nicht mitvollzogen. Es beunruhigte ihn, Christa immer stärker werden zu sehen. Früher war sie brav gewesen und hatte viele seiner Wünsche erfüllt, auch im Bett. Doch allmählich hatte sie begonnen, seine Entscheidungen zu kritisieren. Sie zeigte es ihm meist recht nüchtern, wenn er Unrecht hatte. Walter konnte das nicht ertragen. Christa sollte wieder so »brav« werden wie vor 23 Jahren, als er sie kennenlernte. »Ich weiß doch viel mehr als sie, sie ist immer emotional, kann nichts begründen, wie kann sie da recht haben. Das sind doch alles Zufallstreffer.«

Diese Konstellationen sind typisch für viele Ehen. Ich möchte sie aus der Sicht der männlichen Idealisierungen näher betrachten. Walter hatte wie viele Männer entschieden, eine Heilige zu heiraten. Christa war »anhänglich, sexuell unerfahren und sah auf« zu Walter. Er führte sie ein in das Leben und die Sexualität. Für einige Jahre lebte Walter »im Paradies«. Sie hatten selten Streit, und Walter hatte es vermeintlich geschafft: Seine Heilige hatte auch sexuelle Bereitschaft entwickelt.

Christas Selbständigkeit, die eigentlich immer bestanden hatte, wuchs mit der Zeit. Walter erlebte diese Entwicklung als Bedrohung. Er klammerte sich an sein Rollenbild und flehte Christa viele Male an: »Bitte sei doch wie früher!« Er fühlte sich regelrecht bedroht: »Du nimmst mir meinen Platz in der Familie weg!« Er hatte sich während des Jahrzehnts (!), in dem sich die Distanz entwickelte, kein einziges Mal gefragt, ob er etwas falsch machte. Erst als es zu spät war, gingen seine Augen auf: »Ich hätte ihr mehr Mitsprache einräumen sollen.« Ein verräterischer Satz, der doch eher von einem Rückzugsgefecht zeugt als von Einsicht. In einem amerikanischen Buch über Frauenemanzipation und die Gefühle, die Männer dabei erleben*, schrieb der Autor, der die Schwierigkeiten der Männer mit dieser Entwicklung herausarbeiten wollte: »Ich gestattete meiner Frau, mich zu überholen.« (Er meinte: beruflich höher aufzusteigen als er.) »Gestatten« ein ähnlich entlarvendes Wort. Als wäre es an den Männern, Frauen etwas zu erlauben! Absolute Herrscher wählen diese Formel. In einer auch nur halbwegs gleichberechtigten Partnerschaft haben sie nichts verloren. Walters Frauenbild war zementiert mit der, wie er es formulierte, »folgsamen Heiligen« und dem »willigen Weib«. Letztlich weigerte er sich auch bei mir, endgültig aus diesem Modell auszusteigen.

Ich konnte Walter über seinen Trennungsschock hinweghelfen. Ob ich ihn für eine gleichberechtigte Vorstellung von Partnerschaft erwärmen konnte? Ich habe meine Zweifel. Wir verloren uns nach wenigen Monaten aus den Augen, und ich weiß nicht, wie sein Leben weiter verlaufen ist.

Doch viele Männer haben, anders als Walter, ihren Machtanspruch an Frauen etwas zurückgenommen. Sie behaupten nicht mehr plump, der Klügere oder Überlegene zu sein. Zumindest äußerlich gestehen sie den Frauen Gleichberechtigung zu. Doch ich fürchte, emotional verstecken sie ihren Anspruch in einer Nische ihrer Seele. Heimlich fühlen sie sich immer noch überlegen, werten kleine Punktgewinne zu gewonnenen Schlachten auf und inszenieren eine weitere phantasierte Rolle, diesmal die eigene. Nach außen überlassen sie ihrer Partnerin das Regiment, sie fühlen sich aber wie eine graue Eminenz, die heimlich die Fäden zieht: »Das hab ich gewußt!« – »Das war vorherzusehen!« – »Du hast auch nicht immer recht!« sind die Floskeln, mit denen die eigene Posi-

* A. Astrachan, »How men feel«, New York 1986.

tion – wenigstens vor sich selbst – behauptet wird. Sie fühlen sich als Boß und erkennen kaum, daß sie sich zum schwadronierenden Frühstücksdirektor gemacht haben, den keiner mehr wirklich ernst nimmt.

Spaltungen im Frauenbild

Doch zurück zum Frauenbild der Männer, die versäumt haben, die Diskrepanz zwischen phantasierter und realer Frau wahrzunehmen. Viele Männer haben es aufgegeben, ihre unvereinbaren Wünsche in einer Frau wiederfinden zu wollen. Sie haben sich unbewußt, aber wirkungsvoll entschieden, ihre Wünsche auf verschiedene Frauen zu richten. Wer jetzt glaubt, in das Klischee der promiskuitiven Männermuster zu geraten, schätzt das Dilemma dieser Männer viel zu gering ein. Sicher, eine große Zahl von Männern, nach neuesten Umfragen 62%*, hatte neben einer festen Beziehung mindestens einmal eine kurzfristige sexuelle Begegnung. Doch das ist nicht der eigentliche Konflikt, eine ähnlich große Zahl von Frauen tut das gleiche, der Konflikt liegt in der Aufspaltung.

Rolf, 42, Industriemeister, unverheiratet, ist so ein Mann. Er arbeitet mit vielen jüngeren Frauen zusammen in einer größeren Firma für Kunststoffverarbeitung. Er hatte fast 10 Jahre mit seiner Freundin Elke zusammengelebt, bevor sie ihn rausschmiß.

Die Beziehung hatte sich aus einem, wie es Rolf nannte, Bratkartoffelverhältnis ergeben. Er meint damit, daß Elke ihn bekocht hatte, er sich jedoch hinter ihrem Rücken mit anderen Frauen traf, ohne ein schlechtes Gewissen zu haben. Er war das »rumstromern« satt gewesen und wollte was »Festes« ha-

* Umfrage in »Freundin« vom 31. Juli 1991.

ben. »Mit Liebe hatte das nichts zu tun!« Elke war eine in vieler Hinsicht großzügige Frau. Sie verzieh ihm seine Amouren, die, das konnte er ehrlich behaupten, »wirklich keine Bedeutung« für ihn hatten, und sie hatte Spaß am Sex mit ihm. Rolf genoß sein Nest. Für Elke war es allerdings ganz und gar kein Nest. Sie war zwar duldsam, aber keineswegs naiv. Sie hoffte, Rolf würde »die Kurve kriegen« und seinen »jugendlichen Übermut« bald ablegen, den er auch mit 40 noch pflegte (Motorrad fahren, Motorrennen besuchen, in der Kneipe stundenlang, bei steigendem Alkoholpegel, über Pferdestärken fachsimpeln).

Am Wochenende besuchte Rolf regelmäßig seine Mutter, die immer noch Strümpfe für ihn strickte. Wenn er von seiner Mutter erzählte, kam ein seltsamer Tonfall in seine Stimme. Fast feierlich berichtete er über ihre Großzügigkeit, über ihre mutige Entscheidung trotz des sehr früh verstorbenen Ehemannes nicht wieder zu heiraten, um ihm eine gute Mutter zu sein. Geld steckte sie ihm immer noch zu, und zwar alles, was sie erübrigen konnte. Rolf fühlte sich nicht ernsthaft schlecht, er war unzufrieden. Irgendwie hatte er sich sein Leben anders vorgestellt, nichts machte ihm richtig Spaß. Trotz der vielen Frauen um ihn herum war er einsam. Mit Männern kam er auch nicht besser zurecht, es sei immer nur ein Geprahle, »das brachte auch nicht richtig was«. Krise in der Lebensmitte? Mag sein. Aber das war es nicht allein. Als er zum erstenmal mit mir sprach, meinte er: »Daß man mit einem Mann so reden kann ...« Er war verwundert, daß ich verstand, welche Gefühle er Frauen gegenüber hatte, und nachvollziehen konnte: »... daß das nie was Richtiges gewesen war«. Zum erstenmal in seinem Leben erzählte er jemandem, was er über Frauen dachte: »Zusammenleben kann man nur mit Müttern, und schlafen kann man nur mit Küken.« Er meinte »Frauen, die noch nicht richtig wissen, wie es geht, denen man zeigen muß, wo's langläuft«.

Mit Elke war es zwar anders, da konnte er immer »was Neues

ausprobieren«, und ein-, zweimal war es dann auch ganz gut, aber nicht länger. Wenn aber Elke »was einfiel«, dann klappte es nicht im Bett. Ihre Ideen machten ihn nicht an. Später fügte er hinzu: »Ich konnte mir nichts vorschlagen lassen von ihr, deswegen hat es nicht geklappt. Nur solange mir was Neues einfiel, war's gut.«
Rolf sah in Elke eine Mischung aus Mutter und Küken. Er konnte eigentlich wenig mit ihr anfangen, aber sie sorgte für vieles, so blieb er bei ihr hängen. Es war einfach praktisch. Um Frauen, die ihn wirklich ansprachen, machte er einen gewaltigen Bogen. Zeigte eine solche Frau nur, daß sie einen Satz von ihm nicht akzeptierte, begann er sich zu entschuldigen und verdrückte sich bei der nächstbesten Gelegenheit. Spannenderweise beschäftigten ihn solche Begegnungen noch tagelang. Er führte in der Phantasie Dialoge mit diesen Frauen, überzeugte sie von seiner Meinung und, das kam ihm selbst verwunderlich vor: führte sie zum Traualtar.
Elke und er waren nicht verheiratet, und er wollte sie auch nicht heiraten. Doch bei diesen Frauen wollte er. In der Phantasie. Rolf hat es nie geschafft, mit einer Frau, die ihn wirklich interessiert hat, auch nur ein längeres Gespräch zu haben. Kontakt konnte er nur zu »Müttern« und »Küken« aufnehmen. Rolf ist kein unangenehmer Frauenvernascher, ganz im Gegenteil, er ist eher schüchtern, stolpert in Affären und hatte sich im Leben mit Elke eingerichtet. Drei Frauentypen bestimmten sein Leben: versorgende Mütter, zu belehrende Küken und unerreichbare Frauen. Von Elke sprach er auch nach der Trennung als »mein Liebes«. Was soviel bedeutete wie »Kind«. Für Rolf war es nicht möglich, eine wirkliche Partnerin zu finden, er war absolut fixiert auf Frauenbilder, die ihn zum Vater oder zum Kind machten. Genauer gesagt, seine Schablonen für Frauen enthielten keine Vorgabe *Partnerin*. So formte er in seiner Vorstellung alle Frauen, zu denen er Verbindung aufnahm, nach diesem Schema um und nahm

Reißaus, wenn er auf eine Frau traf, von der er annahm, daß sie das nicht mit sich machen ließe.
Der Kern ist immer gleich, Frauen-Bilder werden in der Phantasie der Männer entwickelt und fixiert. Gefühle, die in realen Begegnungen mit Frauen entstehen, werden verdrängt oder weniger ernst genommen als Phantasien.
Die Aufspaltung kann auch anders verlaufen, stärker der »klassischen«, zu Anfang beschriebenen Zweiteilung folgend. Bei Rolf kam wohl als gravierender Faktor hinzu, daß er durch den frühen Tod seines leiblichen Vaters und die Entscheidung der Mutter, nicht wieder zu heiraten, kein direktes männliches Vorbild erlebt hat und seine Mutter eine skeptische Haltung Männern gegenüber an den Tag legte.
Der typische Konflikt für viele Männer liegt darin, daß sie ihre Frauen verehren, die Mutter ihrer Kinder schätzen und versorgen, im Ideal ihre Tugenden erkennen und hervorheben. Die Ehefrau also zur Heiligen stilisieren . . . solange keine dramatischen Konflikte den Frieden stören. Der langsame Abbau der Sexualität in vielen Beziehungen ist ein Signal für diese Entwicklung. Nicht nur, wie oft behauptet, ein Gewöhnungseffekt oder ein Nachlassen der sexuellen Bereitschaft.
Beziehungen, die keine solche Entwicklung nehmen, zeigen, was eine gemeinsame, an den Partnern orientierte Sexualität ausmacht. Diese Begegnungen sind an den erlebbaren körperlichen Wünschen orientiert. Im Alter nehmen solche Beziehungen oft sogar an Intensität zu, werden ausgefüllter, weil die sensuellen Bedürfnisse und nicht die Phantasie befriedigt werden.
Mit der Idealisierung zur Hure oder Heiligen werden die sexuellen Bedürfnisse immer stärker von den übrigen Aspekten einer Beziehung abgespalten. Das Programm dazu wird schon früh sozial übermittelt. Die Sexualität vagabundiert durch das Leben der Männer wie ein unruhiges Tier, das keinen stillen Platz entdecken kann, um sich niederzulassen. Sexualität bleibt aufgesetzt, sie wird vom Kopf, von »So-müßte-

es-sein-Vorstellungen« geprägt, nicht von einem Dialog zwischen erlebten Bedürfnissen und gemachten Erfahrungen. Das Wunschbild der sexuellen Partnerin gleicht den sündigen Amazonen der Herrenmagazine. Es sind künstliche Gebilde, deren silikongeformte Superbusen genauso unwirklich sind wie das bizarre Bild der Hure.

Unvereinbare Teile des Frauenbildes

Äußerst konfliktträchtig wird es, wenn Männer versuchen, ihre so dramatisch auseinanderstrebenden Frauenbilder zur Deckung zu bringen. Denn auch wenn sie ahnen, daß diese beiden Seiten ihrer Vorstellung einer idealen Frau weit auseinanderliegen, hören sie möglicherweise nicht auf, eine Frau zu suchen, die beides in sich vereint. Oder, was häufiger geschieht, sie suchen zuerst nach dem einen Teil, um dann Schritt für Schritt den Gegenpol aufzubauen, einzupflanzen oder hineinzupressen. Ein typisches Beispiel für diesen untauglichen Versuch war Norman. Als ich ihn kennenlernte, war er 35 Jahre alt und hatte drei gescheiterte Ehen hinter sich. Er wollte meine Hilfe, weil er »einfach nicht wußte, was immer schieflief«. Seine Erklärungsversuche waren bei »die erste war zu jung, die zweite war eine Lesbe, die dritte ein Muttertyp« stehengeblieben. Norman verdient gut in einer großen Chemiefabrik und hatte sich mit 25 eine eigene Wohnung gekauft. Er zog mit seiner damals 20jährigen Freundin dort ein, sie kannten sich erst wenige Wochen. Er heiratete sie ein halbes Jahr später. Sabine, seine erste Frau, war ein »braves Mädchen«, häuslich, anschmiegsam und »die ideale Mutter« für den Jungen, den Norman haben wollte. Doch die Konflikte zeigten sich schnell: In Normans Kopf hatte sich die Vorstellung etabliert, die »lustvolle Seite der Frau« sei tief verborgen und müsse raffiniert und mit leidenschaftlicher

Energie geweckt werden. (Ein häufiges männliches Gedankenspiel, fast immer zum Scheitern verurteilt.) So begann er Sabine »zu wecken«. Er kaufte Reizwäsche, besorgte Pornofilme und gestaltete Abende mit Kerzenschein. Die verliefen allerdings wenig romantisch. Sabine war angeekelt, Norman sauer. Jeder lag enttäuscht in seinem Bett, aussprechen konnten sie sich nicht. Norman glaubte, »andere Methoden« entwickeln zu müssen – Sabine glaubte, deutlich genug gezeigt zu haben, daß sie diese Art des »Liebesspiels« absolut unpassend fand.

Zum Eklat kam es, als Norman an einem solchen Abend behauptete: »Ich weiß doch, daß du so was willst, ihr Frauen müßt nur geweckt werden!« Das war für Sabine zuviel. Noch in dieser Nacht packte sie ihre Koffer. Es erübrigt sich, die anderen Ehen genauer zu beschreiben, denn sie verliefen ähnlich.

Norman war auf seine Art äußerst ehrlich. Er ging direkt, ohne Umschweif auf die Erweckung der noch versteckten Hure zu. Denn genau so stellte er sich das vor, »fände der Mann den richtigen Knopf«, dann wäre da auch eine »unbändig lustvolle Frau«.

Viele Männer sind aus vielerlei Gründen weniger ehrlich und weniger direkt. Das Problem wird dadurch nicht kleiner, aber es zieht sich meist über einen wesentlich längeren Zeitraum. Die typischen Szenen sind die Diskussionen zwischen Ehemännern und Ehefrauen über Pornografie, neue Stellungen beim Sex, die Frage, ob eine Beratung nicht sinnvoll für ihr Intimleben sein könnte, oder die kaum verhohlene Drohung, »die (sexuellen) Bedürfnisse dann bald woanders zu befriedigen.«

Frauen betrachten diese unangenehmen Szenen oft als Ausdruck des männlichen Sexualtriebs. Sie glauben, diesen starken Impuls nicht erwidern zu können, ihn nicht befriedigen zu können. Sie erkennen selten die verquere Sexualität, die diese Konflikte auslöst. Sie nehmen die Dissonanzen als Hinweis darauf, daß SIE und ER doch nicht richtig zusammen passen. Sie grübeln dann ihrerseits darüber nach, was sie anders machen könnten, um die Sexualität für ihren Partner attraktiver zu gestalten. Starten sie den Versuch, über den eigenen Schatten zu springen, lassen sie Dinge geschehen, zu denen sie letztlich doch keine rechte Lust verspüren, erkennen sie fast immer, daß damit der Konflikt nicht gelöst ist. Die grundsätzliche Diskrepanz der Wünsche und Erwartungen besteht weiter.

Oft gehen Frauen einen quälend langen Weg, bis sie erkennen, welches Bild von Sexualität durch die Köpfe ihrer Partner geistert. Sie können es niemals erreichen. Sowenig es im Leben die gute Fee gibt, genausowenig existiert die sagenhafte Sexgöttin, die in der Aufspaltung Heilige/Hure die Hure repräsentiert.

Nur sehr selten finden Männer den Weg zur Kernfrage: »Womit sperre ich (Mann) meine realen Erlebnismöglichkeiten aus?« – Denn dort liegt der wirkliche Störfaktor. Die männliche Erlebnisfähigkeit, und beileibe nicht nur die sexuelle, ist durch gesellschaftliche Prägung erheblich behindert oder gar gestört. Der kurze und einleuchtende Ansatz ist Männern oft gänzlich unbekannt: »Was von dem, was du (Frau) gern mit mir tust, ist angenehm oder lustvoll für mich? – Wie kann ich stärker in die Wahrnehmung dessen, was du mit mir tust, hineingehen? – Wie verläuft der Weg zu intensiverem Wahrnehmen, zu tieferem Erleben?«

Die Geister, die Mann rief

Einmal internalisiert, beginnt das verquere Frauenbild ein Eigenleben. Wie vieles, das sich der konkreten Überprüfung an Realität entzieht, verhält sich auch die männliche Heilige-und-Huren-Welt. Die Idealisierung schreitet fort. Die Heilige wird heiliger, die Hure verhurter. Ein Wechselspiel beginnt zwischen der Ahnung, daß das Bild nicht zur Wirklichkeit, zu einer realen Frau, paßt, und dem Wunsch, die eigene Phantasie dennoch zu retten. Und eines Tages kommt für jeden männlichen Träumer eine erschreckende Gegenfrage: Bin ich das richtige Pendant für diese Superfrau? Die Antwort ist klar und fällt in allen Fällen gleich aus: NEIN! Der »kleine Erdenwurm« Mann, der seine vermeintliche Zuflucht in immer heftigeren Phantasien von Überfrauen gesucht hat, setzt hart auf, wenn er diese Frage innerlich beantworten muß. Er hat keine Chance, selbst in der Phantasie nicht, diesem Inbegriff des vermeintlich Weiblichen ein adäquater Partner zu sein.

Nun sind Männer keine dümmlichen Trottel, deren einzige Fähigkeit darin besteht, unrealistische Erwartungen an Frauen zu entwickeln. Meist wird ihnen bewußt, daß sie in eine Sackgasse hineinlaufen oder hineingelaufen sind. Dennoch können sie diesen Zug nur schlecht anhalten. Sie stellen resigniert fest, daß sie einem Traum nachjagen. Prinzipiell reagieren sie darauf mit zwei Mustern, mit Resignation oder heimlicher Hoffnung. »Es hat alles keinen Zweck!« oder »Vielleicht gibt es doch irgendwo die Frau, die ich suche!«

Danach verzweigen sich die Reaktionen weiter. Die Resignierenden akzeptieren oft eine Art Junggesellenstatus oder gehen nur gelegentlich oberflächliche Verbindungen mit Frauen ein (die oft genauso verlaufen wie die vorhergehenden). Oder sie fügen sich in ihr Schicksal und harren in den jeweiligen Verhältnissen (Ehen, Partnerschaften) aus, wenn nicht ihre Partnerin die Situation, z. B. durch Scheidung, verändert.

Daneben kann der Stachel des »Dennoch-nicht-abfindenwollens« in ihnen stecken. Sie wagen ab und zu einen neuen Versuch, um einen neuen Zugang zu ihrer Partnerin zu finden. Oder wenn sie Glück haben, beginnen sie, den »ganzen Mist, den ich mir zusammengesponnen habe über Frauen«, über Bord zu werfen, und fangen an, die eigenen Augen und

Ohren (und Hände) zu benutzen, wirklich zu erleben und zu begreifen, wie Frauen sind.
Die heimlichen Hoffer haben die schlechtesten Karten, denn sie geben nicht wirklich auf. Sie laufen einem Phantom hinterher, wissen es und kehren dennoch nicht um. Diese Männer bleiben immer auf der Suche. Sind sie verheiratet, haben sie regelmäßig Affären. Der Versuch, mit der eigenen Frau andere Wege zu gehen, ist dann meistens beendet, die Ehe dient der Absicherung gegen das Alleinsein, die Frau ist Platzhalterin und Steuerersparnis. Um die Suche nach der Traumfrau vor sich selbst nicht zu augenscheinlich werden zu lassen, erklären sie den Reiz des Neuen für unwiderstehlich und zum Motor ihrer Umtriebe. Das schnelle Erobern und Fallenlassen verhindert manchmal die vorprogrammierte Enttäuschung. Auch ein Ehekarussell spiegelt diese endlose Suche nach der »Unerreichbaren«.
Die Suche nach der reinsten Frau und der lustvollsten Leidenschaft bestimmt das Denken. Häufig strahlt die Suche auch in die Arbeitswelt aus. Mancher ehrgeizige Manager hat ein verstecktes Motiv für die viele Energie, die er in Arbeit steckt. Er will bessere Ausgangsbedingungen schaffen, um an eine mögliche Superfrau zu kommen. Die Höhe seines Anspruchs an Frauen ist ihm bewußt, da will er mithalten können.
Das Problem der Idealisierung von Frauen trifft aber auch solche Männer, die sich in ihrer Partnerwahl anfangs nur wenig von ihrem Ideal leiten ließen. Nicht alle Männer sind von Anfang an darauf fixiert, eine Frau zu finden, die beides verkörpert. Selbst wenn ihre Sicht der unvereinbaren Zweiteilung folgt, entscheidet doch eine große Zahl von Männern, daß sie lieber eine reale Frau haben wollen, die den eigenen Idealen wenigstens in etwa nahekommt, eine, die zwischen den Polen angesiedelt ist: ein bißchen Heilige, ein bißchen Hure. Der gängige Weg der Partnerwahl. Doch auch diese Männer, die eine solche, an sich vernünftige Entscheidung treffen, kann der Zwiespalt im Frauenbild einholen. Der

Mann wählt die reale Frau, doch in seiner Phantasie macht er sie zur Heiligen und/oder Hure. Er liefert damit den Stoff für seine Träume, sie bilden den Hintergrund für manches Verliebtsein. SIE kann alles, sie ist alles – sie steht auf einem Sockel, und auf dem läßt sie sich küssen. Die so harmlos scheinende Überschätzung, die aus so scheinbar ehrenhaften Motiven (Verliebtheit) heraus geschieht, hat es in sich.
Die Wertung entspringt der Phantasie der Männer. Sie ist oft unrealistisch, das Bild der Partnerin retuschiert. Das heißt, ein Mann, der so fühlt, lebt in einer Scheinwelt. Wenn seine Stimmung schwankt oder seine Göttin etwas tut, was nicht in sein Bild von ihr paßt, bröckelt der Sockel. Eine länger anhaltende sexuelle Verweigerung, eine unfreundliche Kritik, eine Forderung, die der Mann für äußerst überzogen hält, oder ein einseitiger Kinderwunsch wären Beispiele für Risse in der Märchenwelt.
Der schöne Schein der Phantasie unseres Liebhabers gerät in Gefahr. Ein solcher Einbruch kann sehr tief gehen, für manchen Mann so weit, daß er glaubt, betrogen zu sein, eine Mogelpackung geheiratet zu haben. In Wirklichkeit waren seine Vorstellungen von seiner Frau durch sein Wunschdenken geschönt. Die Partnerin trifft keine Schuld.
Auch wenn der schöne Schein nicht zerbricht, bleibt die Ruhe der Männerseelen bei dieser falsch verstandenen Verehrung einer Frau in Gefahr. Behält er die rosarote Brille auf, dann verstrickt sich der Verehrer immer stärker in die Heroisierung der Partnerin. Zum Schluß kann er nur noch staunend, weil hoffnungslos unterlegen, zu ihr aufsehen.
Um es zu verdeutlichen, Verliebtsein ist ein äußerst angenehmes Gefühl, das wir auskosten sollten, solange es uns in seinen Armen hält. Doch mit einem kleinen wachen Blinzeln sollten wir (Männer und Frauen) erspähen, daß wir im siebten Himmel sind, und bemerken, daß der Blick auf das Irdische oft von schönsten Wolken verdeckt bleibt.

Normale Beziehungen

Die unvereinbaren Wünsche von Männern und Frauen werden oft nach einer Vereinigung sichtbar. Der Mann gibt sich etwas fahrig – oder überbetont genußvoll – einer Zigarette hin. Er springt (zu) schnell unter die reinigende Dusche. Er betont eine Spur zu fordernd das nach außen vorsichtig gefragte: »War's gut?« oder »Bist du glücklich?«. Er fällt abrupt in erlösenden Schlaf und läßt eine etwas enttäuschte, weil auf sich zurückgeworfene Partnerin zurück. Melancholische Signale des Widerspruchs.

Viele Männer schilderten mir Schwierigkeiten, wenn Frauen am Beginn einer Beziehung aktiv sexuell auf sie zugingen. Sie hatten vor allem dann mit sexuell aktiven Frauen große Probleme, wenn es sich um eine für sie sehr bedeutsame Frau handelte. Wenn sie um eine Frau besonders warben, litt eine Mehrzahl während des ersten sexuellen Kontaktes unter temporärer oder partieller Impotenz. Oft sogar ohne besondere weibliche sexuelle Aktivität, die den Partner hätte verunsichern können.

Mit dem Bild der weiblichen Zweiteilung werden solche Störungen erklärbar. Denn der Konflikt tritt dann auf, wenn der Pol »Heilige« durch eine Frau besonders stark angesprochen wird, wenn sie also nicht primär wegen sexueller Aspekte begehrt wird. Die wachsende Vertrautheit bringt dann aber auch die sexuelle Seite der Partnerin ins Spiel. Die verehrende und die begehrende Seite des Mannes geraten sehr nah aneinander. Die gegensätzlichen Bewertungen derselben Person treffen dann unvermittelt aufeinander. Das Bild der reinen Frau prallt unvermittelt auf das Bild der sündigen. Irritationen sind dann zwangsläufig.

Ähnlich lassen sich verschiedene sexuelle Schwierigkeiten erklären, die sich in Partnerschaften zeigen. So klagen Männer häufiger bei einem Therapeuten, seltener bei der eigenen Partnerin darüber, daß sie die Stimme einer Frau während des

Beischlafs verwirrt, sie hindert, sich auf die eigene Sexualität zu konzentrieren. Was wirklich geschieht: Frauenstimmen signalisieren vielen Männern die Intensität des weiblichen Erlebens (neben Bewegungen). Sie empfinden sie als besonders erotisch. (Nicht umsonst hat Telefonsex Konjunktur.) Dringt aber über die Lautäußerung der Partnerin die Botschaft »Ich empfinde große Lust« in das Ohr des Mannes *und* spielt die Zweiteilung »Heilige versus Hure« oder »Liebe versus Lust« (wenn diese Begriffe als Widerspruch verstanden werden) eine Rolle, ist klar, was geschieht.

Formulieren Frauen Erwartungen an ihren Partner, in welcher Art sie Sexualität wünschen, läuft ähnliches ab. Auch hier kommt dem Mann das schlangenumwobene Haupt der fordernden Medusa vor Augen und er wird starr. Eine sexuelle Forderung, klar ausgesprochen, bringt die meist mühsam geordneten Verhältnisse zwischen den beiden Aspekten des Frauenbildes in Unordnung. Äußert eine Frau einen sexuellen Wunsch, kommt ihre lustvolle Seite deutlich zum Vorschein. Der Mann kann an dieser neuen Verteilung nicht vorbei. Diese Verschiebung droht, sein leidlich austariertes Gleichgewicht der beiden Aspekte des Weiblichen in ein Mißverhältnis zu bringen. Zuviel Lust verkleinert den ehrbaren Teil der Partnerin und läßt einen Mann zweifeln, ob er damit nicht *zu* klein geworden ist. Dieser Konflikt beschäftigt Männer meist noch stärker als der Leistungsdruck, der verbal häufiger als Konflikt angeführt wird.

Soweit Beispiele für den Konflikt: Das Sündige trifft auf eine Heilige. Ähnlich kompliziert kann es umgekehrt sein.

Ein Beispiel. Ein Paar, Marlen und Bruno, hatte sich gefunden, weil beide eine heftige Form von Sexualität bevorzugten. Sie suchten meinen Rat, weil für Marlen ein Wunsch auftauchte, den sie *so* vorher nicht gekannt hatte. Sie hatte Vertrauen zu Bruno entwickelt, und ihr Bedürfnis nach weicheren, auf Streicheln und sanftere Berührung gründende Praktiken wuchs. Bruno rastete dann allerdings regelmäßig aus und schrie sie an. Was sie denn wolle? Sie hätten »es« bis jetzt doch immer so gemacht. Bruno hatte ein Problem mit Zärtlichkeiten. Sie waren für ihn etwas gänzlich Ungewohntes, was er weder erfahren, geschweige denn je praktiziert hatte. Wir fanden heraus, daß er Frauen, wenn sie weich, anschmiegsam oder zärtlich waren, »zum Kotzen fand«. Bis er sich erinnerte, daß seine leibliche Mutter, von der er mit acht Jahren getrennt wurde, sein Bedürfnis nach Kuscheln ignoriert und verachtet hatte. Sie bezeichnete das Kind als Schwächling, wenn es sich ihr vorsichtig nähern wollte. Ich habe einen Mann selten so heftig leiden sehen wie Bruno.

Es hat ihn viel Arbeit und Zeit gekostet, bis er sich auf Zärtlichkeiten einlassen konnte. Auch er ist das Opfer der Zweiteilung seines Frauenbildes geworden. Sicher auch das Opfer seiner Muttererfahrung.

Auch die Verwirrung mancher Männer, wenn ihre Frau ein Kind erwartet, kann mit diesem Rollenbruch zusammenhängen. ER hat sich mit seinen Phantasien und der realen Frau, mit der er liiert ist, arrangiert. Und dann erlebt er, wie neues Leben entsteht, legt seine Hand an den sich rundenden Bauch, spürt die Tritte des Babys und kann der Faszination des wachsenden neuen Lebens nicht entkommen. Dieses kleine Wunder verschiebt fast zwangsläufig sein Bild der Partnerin in Richtung auf die Heilige. Je stärker seine Abschottung gegen diesen Aspekt des Frauenbildes war, um so heftiger trifft ihn diese Verschiebung. Er kann nicht mehr mit ihr schlafen, bewundert oder im Gegenteil ekelt sich vor dem gewölbten Bauch. Beides ist möglich. In selteneren Fällen kämpft er sogar mit heftigem sexuellen Verlangen gegen die heraufziehenden Störungen seines Bildes.

Ungewollte Unterstützung

Viele Verunsicherungen der Männer, von denen wir bisher gesprochen haben, sind von Angst begleitet. Dies ist für die Partnerinnen wichtig zu wissen, da sie ihrerseits häufig in der Phantasie gefangen sind, Männer als besonders stark einzuschätzen. Jedoch gilt: *Jede* Veränderung ist von einer mehr oder weniger deutlich erkennbaren Angst begleitet, auch die der Männer. Daß sie in ihrem Leben gelernt haben, Angst zu verstecken, darf Frauen nicht davon abhalten, sie einzukalkulieren. Frauen tun gut daran, sich hier zu vergewissern, d. h. nach Anzeichen von Angst zu suchen. Es wäre gut, wenn Frauen klar erkennen könnten, daß die Angst der Männer sich immer an ihnen festmacht. Ihre Handlungen, ihr Bild (in seinem Kopf) oder die große Kluft zwischen beidem begründen einen Teil seiner Angst. Rollenbilder entstehen nicht im luftleeren Raum. Ungewollt unterstützen oder fördern Frauen die männlichen Schemata und tragen damit bei zum Graben zwischen den Geschlechtern. Exemplarisch wollen wir über Lydia, 28, berichten. Sie lernte Gerd mit 22 kennen. Sie fanden sich sympathisch, waren beide sportlich, etwas zurückhaltend, und beide hatten nur wenig Erfahrung mit dem anderen Geschlecht. Lange Zeit gingen sie gemeinsam aus, trafen sich in einem Café, redeten über Sport und Beruf. Nur sehr vorsichtig begann die sexuelle Annäherung, weil Gerd ängstlich und Lydia schüchtern war. Keiner wollte den anderen überrollen. Sie fanden einen leidlichen Zugang zur Lust, von der beide sagten, »daß es nicht schlechter war, als das, was wir mit uns selbst auch schafften«.

Dann entwickelte Lydia zarte Bilder von einer intensiveren Begegnung. Sie fand vorsichtige Andeutungen für ihre Wünsche und mußte hören, daß sie sich zum »Vamp« entwickele. Den Vamp wollte sie nicht auf sich sitzen lassen. Sie traten ungewollt in ein kleines Experiment ein, und ihr gemeinsamer Weg in eine offenere Beziehung war kurvenreich und voller

Umwege. Lydias Wünsche begannen damit, daß sie »sehen« wollte. Sex im abgedunkelten Schlafzimmer war ihr zuwenig geworden. Darauf reagierte Gerd offen. Diese Klippe ihres Experiments war für ihn genußvoll und lehrte ihn Lydias Körper mit den Augen zu genießen. Lydia erging es ebenso, und ihre gemeinsame Sexualität wurde spannender. Der nächste Schritt lieferte erheblich mehr Konfliktstoff. Lydia bat Gerd, sich auf den Rücken zu legen und sie »machen zu lassen«, was Gerds damaligen Toleranzbereich sprengte. Der Konflikt war da.

Sie entschieden sich dennoch dafür, weiter an ihrem (gemeinsamen) Problem zu arbeiten, und kamen in meine Sprechstunde. Ich erzählte beiden gleich zu Anfang von meiner Theorie des geteilten Frauenbildes, und Gerd fand seine Schwierigkeiten gut beschrieben. Seine Heilige wurde ziemlich geräuschlos entthront. Gerd hatte lediglich Angst, die gute Meinung von Lydia zu verlieren.

Und Lydia sah ihren Anteil an seinen Schwierigkeiten. Denn in ihren Gesprächen über Sexualität hatte sie tiefgestapelt. Sie hatte frühere, heftigere sexuelle Erfahrungen verschwiegen. Gewollt oder ungewollt war sie auf Gerds Bild der keuschen Lydia eingegangen. Gerd erkannte sein Irrbild und konnte Lydia erklären, daß er von ihrem Vorleben kaum besonders gekränkt oder irritiert gewesen wäre. So stellten beide im nachhinein fest, wie sie sich umschlichen hatten, weil jeder fürchtete, ein schlechtes Bild abzugeben. Gerd seinerseits fürchtete, bei Lydia einen schlechten Eindruck zu hinterlassen, wenn er seine »gegen Null gehende Erfahrung« eingestanden hätte. So erfüllten beide die Grundmuster. Sie scheute sich, sich als erfahrene Frau zu zeigen, er wollte seine Unschuld nicht eingestehen. Vielleicht hätte ihn die Angst vor einer unverstellt starken Frau doch stärker gebeutelt, als er eingestehen konnte.

Eine männliche Falle ist Gerd erspart geblieben. Er hat Lydia nie zum Vorzeigeobjekt seines Frauenbildes degradiert. Welche Meinung seine Freunde hatten, war ihm wichtig, doch zu einer wandelnden Litfaßsäule seiner vermeintlichen Potenz oder Macht hat er sie nicht mißbraucht. Männer betrachten Frauen auch als Symbol. Sie spiegeln (in den Augen der Männer) die Botschaften, die Mann seiner Umwelt darbieten will, über sich und seine Beziehung. Die Frau soll je nach Couleur geistreich oder gehorsam, kokett oder mütterlich, sexy oder aufopfernd sein.

Als Transportmittel der männlichen Reklame dient die äußere Hülle der Frauen. Hülle, weil mehr als nur die Kleidung vom männlichen Formungswillen beansprucht wird. Es geht um das Erscheinungsbild der Frau. Es mag wundern, daß Männer auch heute noch glauben, Einfluß auf die Selbstdarstellung ihrer Partnerinnen nehmen zu müssen. Es passiert nicht mehr so brachial und total, wie es uns heute die islamische Welt mit Tschador und absolut verhüllender grauer Kleidung vorexerziert, dennoch bleibt auch bei uns ein beträchtlicher Einflußwille der Männer vorhanden. »Zieh doch das rote Kleid an, darin seh' ich dich so gern.« – »Mach doch den Rock etwas kürzer (oder länger)!« – »Mit solchen Absätzen geh' ich nicht mit dir aus!«

Doch mit dem Einfluß auf die Kleidung ist es noch nicht getan. Auch die Sprache und das Verhalten will Mann im Griff haben. – »Du redest immer über das gleiche!« – »Ich fände es schön, wenn du dich auch mal mit XY unterhalten würdest.« – »Lies doch mal etwas anderes als Frauenzeitschriften und Krimis!«

So oder ähnlich klingen die Sätze, mit denen Einfluß genommen wird. Besonders gewitzten Männern (mit ›aufmerksamen‹ Frauen) reicht ein Senken oder Heben der Augenbraue, um ihren Einfluß geltend zu machen. Entscheidend ist: Mann fühlt sich verantwortlich für das Äußere und das Auftreten seiner Partnerin. Er lebt in der Furcht oder Hoffnung, Rückschlüsse auf ihn fänden statt und sie wären von großer Bedeutung. Ein weiteres Beispiel dafür, daß es Männern nicht unbedingt um die Frau geht, sondern um ihre Bilder – in diesem Fall davon, wie eine Frau zu wirken hat.

Er ist gewohnt, in der Phantasie Frauenbilder zu entwerfen, es bedarf nur eines kleinen Schritts, um auch an der Wirklichkeit zu basteln ... wenn sich die Frau solche Eingriffe gefallen läßt.

Manche Frau findet nichts dabei, für IHN schick zu sein, auszusehen, wie es ihm gefällt. SIE hält es für eine harmlose Form des männlichen Vormachtstrebens, dem sie leicht nachkommen kann. »Das kostet mich doch nichts!« ist der lächelnde Kommentar. Frauen reagieren zu Anfang einer Beziehung fast immer auf die Wünsche der Männer nach äußeren Signalen. Für einen Mann steht aber oft viel mehr dahinter. Er will das Bild bestätigt sehen, das er erwartet, und von dem er glaubt, Anzeichen erkannt zu haben. Anzeichen des phantasierten Rollenbildes, das nur in seinem Kopf besteht. Das vermutete Frauenbild werde sich jetzt immer klarer zeigen. Glaubt er. Ein verhängnisvoller Fehler für den Mann und die Frau. Formen Frauen ihr Äußeres allzu sehr nach den Wünschen ihres Partners, entwickelt er immer stärker das Gefühl, endlich seine Traumfrau gefunden zu haben. Der äußere Schein beweist es ihm, vermeintlich. Er verliert die reale Frau, ihr Inneres, ihr Wesen fast zwangsläufig aus den Augen. Allein die Hülle beschäftigt ihn. Er verpaßt damit eine weitere Chance, aus seinen »Heilige und Hure«-Idealisierungen auszusteigen. Früher oder später zerbricht die Bereitschaft der Frau, die Wünsche des Partners an die äußeren Symbole fortwährend zu befriedigen. Oder genauer: Die Frau erkennt die Fehleinschätzung ihres Partners. Oft strebt sie dann danach, möglichst keines der Symbole mehr zu zeigen.

Viele Dimensionen bestimmen die Beziehungen zwischen Männern und Frauen, die männliche Typisierung der Frauen zu »Huren und Heiligen« bildet nur einen Ausschnitt. Ob es sich dennoch um einen – vielleicht den – grundlegenden männlichen Denkfehler handelt, mag jede Frau selbst ent-

scheiden, nachdem sie ihren Partner unter diesem Blickwinkel eine Zeitlang beobachtet hat.
Was für die Angst der Männer und die Stärke der Frau ausschlaggebend ist: Hure und Heilige sind Wunschträume, Fixierungen an irreale Frauenbilder, und genauso wie mit Märchen Kindern (auch) Angst gemacht werden sollte, läuft diese Fehlinterpretation des Weiblichen darauf hinaus, Angst zu entwickeln. Angst vor dem Unerreichbaren solcher Zerrbilder, denn die »Heilige« ist heiliger, als er, der Mann, es je sein kann, und die Hure ist sinnlicher und lustbetonter, als er es je zu erleben vermag, ähnlich den Märchenfiguren, die in ihrer Ausprägung als Held oder Bösewicht nie zu überbieten sind.
Die in diesem Kapitel angesprochenen Konflikte zeigen sich im Leben auf vielfältige Weise. Die Fixierung auf Heilige und Huren ist der grundlegende und am weitesten von der weiblichen Realität entfernte Angstmacher der Männer.

3

Die dunkle Seite des Mondes

Wie Männer hart gemacht werden und dennoch ängstlich bleiben

Der Mond hat eine dunkle Seite. Eine Seite, die wir von der Erde aus nie sehen. Irgendwann haben wir davon gehört – keine besonders wichtige Information. Der Mond ist weit, und sein reflektiertes (Sonnen-)Licht erreicht uns auch ohne dieses Wissen. Männerängste ähneln der dunklen Seite des Mondes. Auch Männerängste bekommen wir nur selten zu Gesicht – das ist weitaus schlimmer.

Männer möchten als angstfrei gesehen werden, zumindest eine ganze Reihe von ihnen. Sie lieben eher die harte, unnahbare Selbstdarstellung. Angst paßt nicht zur Pose des Kriegers und Kämpfers. Folgt man dennoch den Spuren der männlichen Furcht, gilt man als Nestbeschmutzer. Als Kolporteur einer Dolchstoß-Legende. »Reden Sie so einen dummen Quatsch nicht noch herbei. Die Weiber mit ihrer E-man-zi-pa-tion sägen zur Genüge an unseren Stühlen.« Ein älterer Herr, er hatte sich für zwei Stunden in unsere Gruppe verirrt, verließ mit diesem Satz den Raum. Er kam nicht wieder, und es war für ihn wohl richtig so. Unseren Versuchen, die andere Hälfte, die abgewandte Seite des Mannes zu finden, wollte er nicht folgen.

Was treibt Männer dazu, vor ihren Ängsten zu flüchten, sie zu verheimlichen und zu leugnen? Wie kommt Härte in Männer hinein? Und wo liegen die Wurzeln für ihre verqueren Rollenbilder? Die meisten von uns antworten auf solche oder ähnliche Fragen mit einer einfachen Formel: »In der Kindheit.« Dieses Wissen ist ein Gemeinplatz. Kaum jemand zweifelt daran, daß unsere Kindheit uns geformt hat, uns zu dem gemacht hat, was wir heute sind.

Schwieriger zu beantworten sind die Fragen: »Wie geschieht so etwas?« – »Wie manifestieren Eltern in ihren Kindern Lebensregeln, Rollenbilder oder Rollenerwartungen?« – »Wie entwickeln sich eigene Lebensnöte?« Und ganz besonders spannend: »Wie entwickelt sich die Vorstellung, Angst verstecken zu müssen?«

Männer sind genauso ängstlich wie Frauen. Daran glaube ich. Letztlich ist es eine Glaubensfrage, denn beweisen läßt sich der Satz nicht. Daß mir viele Männer von Ängsten berichteten – nachdem sie Vertrauen faßten –, ist keine sichere Grundlage, allen Männern solche Ängste zu unterstellen. Und es gäbe wohl berechtigte Zweifel an solcher Verallgemeinerung, wenn es nicht ebenso handfeste Indizien gäbe, wie die äußerliche Härte und die innere Angst in die Jungen gepflanzt werden. Denn das geschieht. Jungen und Mädchen erhalten sehr verschiedene Botschaften über ihr zukünftiges Leben. Sehr unterschiedlich sind immer noch die Muster, mit denen Eltern mit Mädchen oder Jungen umgehen.

Elterliche Auseinandersetzung mit Kindern findet in einem Rahmen oft gegensätzlicher Erziehungsstile statt, dennoch lassen sich allen gemeinsame, markante Unterschiede beschreiben in der Art, wie Jungen oder Mädchen behandelt werden.

Es gibt keinen großen genetischen Unterschied in der Verteilung der Erbanlagen zwischen Jungen und Mädchen. Aber auch das ist eine Glaubensfrage. Denn die Gene, die unser *Verhalten* bestimmen, sind noch nicht identifiziert. Und es steht in den Sternen, ob die Biologen jemals einen Beweis antreten können, daß unser Verhalten wesentlich von Erbanlagen bestimmt ist. Im übrigen gefällt mir die Vorstellung besser, daß Eltern und die Gesellschaft mehr Verantwortung tragen für das, was aus ihren Kindern wird, als die bisher wenig zu beeinflussende Genstruktur.

Die eigene Angst verstecken (müssen) ist eine Vorbedingung für Härte und Isolation. Nun würde heute keine Mutter und wahrscheinlich nur wenige Väter darauf bestehen, daß Jungen nicht weinen dürften, oder daß sie zu kämpfen hätten, statt zu fliehen. Keine Mutter würde bewußt einen harten Mann, der weder Tod noch Teufel fürchtet, erziehen. – So einfach vermittelt sich das Klischee nicht.
Eine große Zahl kleiner, harmlos scheinender Episoden formt Jungen und bringt Enge und Distanz in ihr späteres Leben. Schon ein bestimmter Blick, der den Jungen trifft, beeinflußt ihn, wenn er ansetzt »Schwäche zu zeigen«, »zu weinen«, »nachzugeben« oder »einen Kompromiß zu seinen Ungunsten zu akzeptieren«. Dieser Blick der Mutter oder des Vaters kann unbewußt bleiben. Viele würden den Blick bestreiten, zumindest so lange, bis sie ihn auf einer Videoaufnahme erkennen könnten: »So schau ich aus der Wäsche, wenn ein Junge (oder Mann) nachgibt?« – »So sehe ich mein Kind an, wenn es weinen will?« – »So klingt es, wenn ich einen Verlierer tröste?« Ungläubiges Staunen befällt viele Menschen, wenn sie mit einer objektiven Spiegelung ihrer Handlungen konfrontiert sind. »Mit diesem Blick würde ich mir kein Wort glauben.« »Ich glaube, so ähnlich klingt es immer, und so sitze ich da, wenn er mit feuchten Augen auf mich zukommt. An der Stelle meines Sohns würde ich glauben, daß ich es doof finde, wenn ihm die Tränen laufen. Aber ich sag ihm doch etwas ganz anderes.« Manche Menschen hat es bewegt, sich selbst in solchen Situationen auf einem Monitor zu betrachten. Die meisten Männer und Frauen haben gespürt, daß ihre Wahrnehmung von sich selbst nicht stimmt. Sie erkennen erst im Video die Botschaft wieder, die ihr Kind erreicht.
»Harte Männer mag ich nicht, weiche noch viel weniger.« Eine Frau in einem Seminar brachte ihre heimliche Botschaft an ihren Neunjährigen auf diese Formel. Sie drückte den Konflikt präzise aus: Eigentlich wollen Frauen und Männer

nicht, daß ihre Söhne »hart« werden, doch zeigen Söhne sich dann »weich«, wird das Dilemma offensichtlich. So wollen sie ihren Filius nun erst recht nicht haben. Der Sohn muß sich notgedrungen darauf einen Reim machen. Welcher andere Schluß bleibt ihm, als seine weichen Regungen zu verstecken und gleichzeitig zu lernen: »Im Zweifel ist Härte bevorzugt.«

Ein Zeitzünder wird gelegt. Mit der Zeit heißt dann seine innere Gleichung: »Härte und Verschlossenheit sind männliche Tugenden.« Und irgendwann wird er sie anwenden. Und wieder wird er dafür verstecktes Lob oder gar offene Anerkennung ernten. Aus dem Jungen ist ein Mann geworden. Nach dem Preis fragt niemand, noch nicht einmal er selbst. Jahre später fällt ihm auf, daß irgend etwas danebengegangen ist. Und auch das nur, wenn er Glück hat. Wenn er neben diesen martialischen, männlichen Mustern auch ein bißchen Weibliches, genauer – Empfindsames – herüber gerettet hat in die Männerwelt.

Männer und Frauen machen den Jungen zum Mann. Männer und Frauen basteln an seiner Seele, ungewollt und dennoch wirksam. Die Vorstellung, wie ein Mann zu sein hat, steckt nicht nur in den Köpfen der Männer und Väter, sondern genauso in den Köpfen der Frauen und Mütter. Es ist schwierig, diese Vorstellung als Vorurteil anzuerkennen. Wer gibt schon gern zu, daß er sich in einem so entscheidenden Punkt getäuscht hat? Wer gibt schon gern zu, daß er oder sie dem Kind letztlich Schaden zufügt? Solche Fehler aufzeigen ist leicht, sie als eigene Fehler anzuerkennen, das ist schwer.

Frauen erwidern oft: »Aber ich will doch einen ganz anderen Mann haben. Wie könnte ich so dumm sein, mein Kind zu einem Mann zu erziehen, den ich als Partner oder Ehemann gar nicht haben will?« – Dummheit ist es nicht, die Männer und Frauen veranlaßt, Mädchen auf die eine Art zu behandeln und Jungen auf eine andere. Daß sie gerne andere Männer hätten, heißt noch nicht, daß sie Jungen anders erziehen.

Kinder verbringen einen Großteil der Zeit unter Erwachsenen mit Müttern oder Frauen. Das könnte zu dem Schluß verleiten, Mütter trügen den größeren Anteil an den fragwürdigen Vorstellungen ihrer Söhne. Dem will ich gleich widersprechen. Erstens verbringen Kinder rein rechnerisch viel mehr Zeit mit anderen Kindern als mit ihren Müttern, und zweitens unterscheiden Kinder schon sehr früh, welche Menschen und damit welche Meinungen für sie wichtig und welche weniger wichtig sind. Die Menschen, deren Meinung für die Kinder wichtig ist, haben auch dann erheblichen Einfluß, wenn sie, arithmetisch gesehen, viel weniger Zeit mit ihnen verbringen. Die Ausflüchte der Väter heißen, daß sie viel weniger mit den Kindern zusammen sind und dann weniger für eine vernünftige Entwicklung ihres Kindes tun können. »Ich muß mich da auf meine Frau verlassen können.« Diese Ausrede bestärkt die leise Vermutung des Sohnes oder der Tochter: »Er ist nicht an mir interessiert, er fühlt sich für mich nicht zuständig.«

Wie werden Jungen gemacht?

Die Unterschiede beginnen äußerlich – auch bei Jungen und Mädchen. Jungen und Mädchen werden verschieden gekleidet.

Jungenhosen, Mädchenhosen. Jungenpullover, Mädchenpullover. Wie oft haben wir selbst, als wir noch jünger waren, genau diese Unterscheidung getroffen, oder treffen sie auch heute noch, wenn auch mit etwas anderen Worten. »Dieser Pullover ist mir zu weiblich.« – »Diese Bluse macht mich zu männlich.« Alltägliche Kleidungskommentare. – Gleichartige Kleidung für Männer und Frauen wäre schrecklich, das wäre sicher keine Lösung. Doch warum müssen Männer so uniforme Anzüge tragen, warum ist die ihnen zur Verfügung stehende Farbpalette so eingeengt? Blumenmuster im Männeranzug – fast undenkbar. Aber warum? – Ist Männlichkeit zur Kleidervorschrift geschrumpft? Uniformen geben Sicherheit, ein Grund für die gleichen Kleidernormen. Doch darüber hinaus scheint es mir so zu sein, daß Männer auch mit ihrer Kleidung die Abgrenzung vom Weiblichen betreiben. Ein amerikanischer Psychologe hat es in der Behauptung zusammengefaßt, das erste Kriterium für Männlichkeit hieße: Alles vermeiden, was als weiblich gelten könnte.* Als weiblich beschrieben zu werden, gilt für den Mann – auch hierzulande – als Beleidigung. Hier begegnet sie uns, die Abgrenzung der Männer gegen Frauen. Doch die Unterschiede beginnen viel früher.

Farbspiele. Die Mädchen haben rosa Strampler und die Jungen blaue. So lächerlich diese Aufteilung scheint, jeder kennt diese Farbzuordnung. Vielleicht halten wir uns nicht immer daran, doch beim Sonntagsstrampler, da geh' ich jede Wette ein, wird das Klischee zu über 80% erfüllt. Die Farbzuordnung spiegelt das Programm. Männer und Frauen, Jungen und Mädchen sollen auf den ersten Blick zu unterscheiden sein. Auch die Babys. Denn vom Gesicht oder Körperbau her lassen sich Kleinkinder kaum unterscheiden.

Verschiedene Farben ermöglichen es, Jungen und Mädchen äußerlich zu unterscheiden. Das bedeutet noch nicht zwangsläufig, daß sie auch anders behandelt werden. Im Gegenteil, viele Väter und Mütter erwarten heute von sich, daß sie Jungen und Mädchen vollkommen gleich erziehen. Doch leider stimmt dieser Anspruch nicht mit der Wirklichkeit überein. Selbst Neugeborene werden schon anders behandelt. Sie werden nicht anders gewickelt, anders gestillt oder anders gebettet. Ganz zu Anfang liegen die Unterschiede in den Kommentaren der Eltern oder anderer Erwachsener. Da werden Ähn-

* Robert Brannon. Zitiert nach Anthony Astrachan »How men feel«, New York 1986.

lichkeiten in Kindergesichtern gesucht und die Charakterzüge der Eltern und Großeltern in das Baby hineingeheimst.

Diese vermeintlichen Eigenschaften spiegeln meist eigene Wünsche und Befürchtungen wider. Mit der Realität der kleinen Seele haben sie nichts zu tun. Viele Eltern entwickeln schon in dieser frühen Zeit eine Erwartung an den Charakter ihres Kindes, sie werden damit ungewollt schon Opfer ihrer Projektionen.

Nun wäre es weniger dramatisch, kindliche Unwohläußerungen in Charakterschubladen zu stecken, wenn nicht etwas Unangenehmes damit in Gang gesetzt würde: »Wie Mann oder Frau in den Wald ruft, so schallt es heraus.« Für das Kleinkind beginnt ein mitunter höchst problematischer Kreislauf. Ein Beispiel. Ein Baby schläft schlecht ein. Das kann viele Ursachen haben, die mit vielen Bedingungen verknüpft sein können, am wenigsten aber mit dem vermuteten Charakter des Kindes. Doch Eltern sind schnell bei der Hand mit einer Deutung. Das Kind ist nervös, erlebnisdurstig, oder gar tyrannisch, weil es keine Ruhe gibt. Und in Windeseile wird die Interpretation zum Wissen und zum Erziehungsprogramm.

Das nervöse Kind erhält Baldrian, oder es wird in einen sehr ruhigen, leicht abgedunkelten Raum gestellt, um jede Aufregung von ihm fernzuhalten, oder die Mutter / der Vater überschüttet das Kind mit Aufmerksamkeit, um ihm Sicherheit zu geben oder es zu beruhigen. So entstehen Gewohnheiten auf beiden Seiten, Eltern und Kinder bilden Erwartungen aus. Die Eltern entwickeln Erwartungen, was das Kind braucht, und das Kind Erwartungen, was die Eltern tun werden.

Die Eltern bilden Theorien über die Seele und die Eigenschaften ihres Kindes, und ungewollt steuern sie damit ebenso die eigenen Handlungen – am Kind, für das Kind und mit dem Kind. Daß davor schon unterschiedliche Erwartungen an Jungen und Mädchen entwickelt wurden, ist fast schon selbstverständlich. Unerwartet kompliziert wird die differente Geschlechtererziehung durch einen Mechanismus, den ich heimliche Erziehung nenne. Der Begriff ist schnell erklärt: Viele Eltern glauben, Jungen und Mädchen gleich zu erziehen. Prüft man diese Behauptung, stellt man in der Regel fest, daß es nicht so ist. Ein spannendes Experiment der Entwicklungspsychologie macht es deutlich.

Über einen längeren Zeitraum wurde registriert, welche Anregungen für Spiele und welche Worte Erwachsene Kindergartenkindern gegenüber verwenden. Es stellte sich heraus, daß sehr deutliche Unterschiede gemacht werden. Selbst bei Eltern, die von sich das Gegenteil behaupten.

Spielvorschläge für Mädchen sind eher Spiele mit harmonischem Verlauf, Spiele, bei denen die Zusammenarbeit im Vordergrund steht und die Lösung einer Aufgabe in den Mittelpunkt gesetzt ist. – Spielvorschläge für Jungen sind eher konkurrenzorientiert. Es geht um Sieg – aber auch um Niederlage – und Mut. Meist steht ein konkretes Ziel im Mittelpunkt. Die Sprache unterstützt diese Auswahl. Bei den Mädchen wird Harmonie, Zusammenarbeit, oft sogar Rücksicht betont – bei den Jungen Erfolg, Erster-Sein und eine gewisse Härte. »Beiß die Zähne zusammen« ist eine Formel, die fast ausschließlich Jungen gegenüber verwandt wird.

Auch die Interpretationen kindlicher Äußerungen weichen deutlich voneinander ab. Einem weinenden Jungen wird wesentlich häufiger Ärger als Motiv unterstellt, einem Mädchen wesentlich häufiger Angst.

Nun haben ganz findige Untersucher zu bedenken gegeben, daß – möglicherweise – eine uns unbekannte Wirkung vom Geschlecht des Kindes ausgeht, und sie würde uns – möglicherweise – veranlassen, Mädchen und Jungen anders zu behandeln. Kurzerhand haben die Untersucher die Mädchen in blaue Hosen gesteckt und sie zu Knaben erklärt und umgekehrt. Plötzlich wurden die Mädchen in ihren blauen Hosen wie Jungen behandelt und umgekehrt. Nicht das Geschlecht bestimmt unser Vorgehen, sondern unsere Erwartung.

Solche Unterschiede lassen sich in frühen Jahren leichter aufzeigen. Danach wird es immer schwieriger zu unterscheiden: Welcher Impuls stammt vom Kind selbst? Was hat der Erwachsene initiiert? Ein Vierjähriger ist schon, davon muß man ausgehen, dreieinhalb Jahre als Junge angesprochen und behandelt worden. Viele Botschaften hat er verstanden, angenommen und als sein Männerkonzept verinnerlicht. Wie oft haben Sie den empörten Satz gehört: »Ich bin doch ein Junge!« Die etwas kurzsichtige Tante hat die schönen weichen Haare, die so lockig über die Ohren fallen, nicht gleich als Jungenhaare erkannt. Lauter Protest war der Erfolg.

Je älter die Kinder werden, um so schwieriger ist es für einen neutralen Beobachter zu unterscheiden, ob Eltern Jungen anders behandeln als Mädchen, weil Jungen und Mädchen sich ganz anders verhalten. Oder: Verhalten sich Jungen und Mädchen ganz anders, weil Eltern sie unterschiedlich erziehen. Sehr viel mehr spricht für das Modell: Die Erwachsenen bestimmen weitgehend den Unterschied in den Verhaltensweisen zwischen Jungen und Mädchen. Die Unterschiede sind Produkte der Erziehung, gewollt oder ungewollt.

Nehmen wir ein weiteres Beispiel: Kinderprotest. Eltern reagieren meist schon bei geringem Widerstand eines Mädchens. Jungen müssen ihren Protest oft deutlich steigern, um elterliche Reaktion zu erreichen. Doch das System funktioniert auch aus der anderen Richtung: Ein heftiger Protest, von einem Mädchen vorgetragen, wird wesentlich deutlicher sanktioniert als sein Gegenstück. Die scheinbare Logik bleibt in beiden Richtungen erhalten. Mädchen werden bestärkt in den leisen Tönen und bestraft für die lauten Töne, bei den Jungen genau umgekehrt: Sie werden bestraft (durch Nichtbeachtung) für leises Verhalten und bestärkt (durch größere Toleranz) in ihrem heftigeren Auftreten. Gleichzeitig zeigt sich eine verschiedene Art, Jungen und Mädchen zu lenken. Mädchen werden meist direkt angeleitet, sich auf eine bestimmte Art zu verhalten. Sie erhalten präzisere Signale über die Be-

wertung ihres Tuns. Jungen werden eher dazu angehalten, selbst herauszufinden, was sie eigentlich wollen und was sie *nicht* dürfen. Konkret bestärkt werden sie viel seltener. Übrigens ein Weg, äußerlich ein autonomes Verhalten herbeizuführen. Wohlgemerkt äußerlich. Denn innerlich entsteht keine wirkliche Autonomie.
Das Laute und Wilde, das leichtfertig zur typischen Geschlechterdifferenz erklärt wird, entspringt eher einer Not. Es ist der letzte Versuch, doch noch Gehör zu finden. Das Vertrauen, auch seine leisen Töne würden ernstgenommen, hat ein Junge bald verloren. Mit dieser These werden viele Vorstellungen über die Unabhängigkeit der Männer, ihre Autonomiebestrebungen und ihre Härte aus den Angeln gehoben.
Für einen Jungen heißt es oft bald Abschied nehmen vom Trost einer auch körperlich gezeigten Fürsorge. Viel zu früh für ein Jungenherz, dessen Bedürfnis nach Nähe, nach Streicheln, nach Wärme und Geborgenheit sich von den Bedürfnissen eines Mädchen nicht unterscheidet.

Warum lieben Männer Busen?

Die Erinnerung an die Zeit, in der für ihn, den Jungen, noch andere Regeln galten, verblaßt, verloren geht sie nicht. Viele therapeutische Richtungen sind sich einig, daß ein Urvertrauen früh entsteht, in den ersten acht bis zwölf Monaten. Auf welche Weise es sich verfestigt, wissen wir nicht. – Mir erschien es häufig so, daß für Männer die weibliche Brust ein archaisches Erinnerungsstück für dieses Urvertrauen darstellt, für das frühe Vertrauen, das sie zu ihrer Mutter entwikkelt haben. Mit einer tief eingeschlossenen Erinnerung an die Stillzeit ließen sich jedenfalls die große Wertschätzung und der hohe Lustgewinn an diesem sekundären Geschlechtsmerkmal gut erklären. Daß dieses Objekt männlicher Begierde erst in der übernormalen Größe zum Inbegriff von Weiblichkeit wird, läßt sich ebenfalls mit der Brust als Symbol für Urvertrauen begründen. Denn in der Erinnerung bleibt auch ein reales Bild, und in den Proportionen zum Baby ist die Brust der Mutter viel größer, vergleichbar dem Schnee, der »früher viel höher lag«.

Die Fixierung auf Busen baut sich nicht sofort auf. Erst mit dem größer werdenden Abstand zur eigenen Mutter kann sich das Symbol entwickeln. Gefördert und angestoßen durch den vorexerzierten Busenfetischismus von Männern und Frauen.

Aber der Erinnerungswert der Brust bekommt für Männer auch einen bitteren Beigeschmack. Denn hinter aller Verehrung dieses Symbols lauert das Wissen, daß diese warme und geschützte Atmosphäre früh verlorenging. So ist Busen auch das Zeichen für entgangene Mutterliebe. Die Brust erinnert den Mann an den Widerspruch zwischen den angenehmen, wohligen Erlebnissen als Baby – und den weniger angenehmen Erfahrungen der Getrenntheit.

So entstehen Fixierungen. Sie haben zwei Seiten. Äußerlich wird ein Objekt (Mensch oder Gegenstand) verehrt. Innerlich symbolisiert dasselbe Objekt den Wunsch, einen erlittenen Mangel, der in Bezug zum Objekt steht, ungeschehen zu machen. Die Verehrung soll den erlebten Mangel symbolisch aufheben. Real besteht eine Fixierung oft lebenslänglich. Eine Gegenerfahrung wird immer schwieriger, weil häufig das ursprüngliche Trauma verdrängt wird. So schützt die Verehrung davor, die schmerzhafte Erfahrung wieder bewußt werden zu lassen. In unserem Fall heißt das, die Verehrung des Busens schützt Männer vor dem Wieder-bewußt-werden der entgangenen Mutterliebe.

Frauen berichten häufig, daß sie ihre Männer in der Sexualität wie kleine Kinder erleben, die sich an sie klammern und mit dem Busen mehr anzufangen wissen als mit anderen sexuell empfindsamen Regionen.

Alltägliche Leiden

Jungen unter fünf Jahren identifizieren sich mit ihren Müttern und ihren Vätern gleichermaßen, wenn die Väter es nicht mit Distanz und Ungeschicklichkeit nachhaltig behindern. Sie wollen die Mutter heiraten und mit dem Vater zur Arbeit gehen. Doch mit ihren Müttern und anderen Frauen sind sie zärtlicher – wenn sie dürfen. Mit fünf oder sechs Jahren setzt dann häufig ein kontinuierlicher Abbau der körperlichen Nähe zwischen Müttern und Söhnen ein. Selten ist klar erkennbar, was diesen Rückzug bedingt. Oft ist er schon zu Beginn der Pubertät abgeschlossen, und Körperkontakt zwischen Mutter und Sohn findet nicht mehr statt. Geschlechtsreife und Inzestschranke können kaum für diesen Wandel verantwortlich sein, denn die Nähe zwischen Töchtern und Vätern, die ja einer ähnlichen Hemmung unterliegt, verändert sich selbst mit einsetzender Pubertät wenig. Was geschieht?

Vor einer Antwort eine generelle Anmerkung: Für viele Erklärungsversuche in diesem Kapitel fehlen wissenschaftliche Beweise. Die Motive, die solchen Veränderungen zugrunde liegen, sind zum größeren Teil unbewußt, und eine genaue Analyse solcher verdeckter Strukturen ist äußerst schwierig. Meine Interpretationen basieren auf vielen beratenden Gesprächen mit Männern und Frauen, doch letzte Sicherheit, gerade für die Beziehungen zwischen Kindern und Eltern, läßt sich nicht gewinnen. Es bleiben Vermutungen. Dennoch glaube ich, in die Nähe der Prozesse und Strukturen gelangt zu sein, die sich abspielen, wenn aus einem zärtlichen, weichen, kleinen Buben ein harter Mann gemacht wird.

Schauen wir uns die Erziehung an. Es ist nicht immer leicht, die Unterschiede, die zwischen Jungen und Mädchen gemacht werden, herauszufiltern:

- Jungen werden weniger und anders getröstet
- Jungen wird Ungestümes, Wildes bis Bösartiges weniger negativ ausgelegt und weniger sanktioniert

- Jungen erhalten weniger Zärtlichkeit
- Jungen werden stärker auf ihre Leistung hin gefordert
- Jungen werden weniger enge Regeln gesetzt
- Jungen werden härter bestraft
- Jungen werden, wenn sie Angst zeigen, sehr stark sanktioniert

In jedem dieser Punkte steckt ein kleiner Verlust von Nähe für einen Jungen. Und am Ende dieses Prozesses ist er einer selbstverständlichen Zärtlichkeit entwöhnt.
Wenn ein Kind weniger Zärtlichkeit erhält und irgendwann auch keine Zärtlichkeit mehr annehmen kann, wird es zwangsläufig bei Wünschen nach Trost, nach Abnehmen einer seelischen Last, nach (mit)teilen können einer Sorge in die Defensive geraten. Wie schlimm so etwas sein kann, läßt sich nur aus Tierexperimenten erschließen. Körperkontakt erweist sich dort als ein unersetzlicher Faktor der Sozialisation.* Unsere Gesellschaft (zumindest ein großer Teil) enthält Jungen diese Form vor. Kein Jota weniger ist es, was den mit wenig Berührung erzogenen Jungen widerfährt. Ihnen wird ein wesentlicher Teil sozialer Rückversicherung auf einer frühen und sehr grundsätzlichen Ebene genommen. Vielleicht werden uns spätere Sozialforscher als barbarische Gesellschaft beschreiben, weil unsere Sozialisation zum Mann so viele emotionale Defizite aufweist.
In einem Buch von David Gilmore** wird in einem weltumspannenden ethnologischen Vergleich männliche Sozialisation beschrieben. Die bemerkenswerte und beunruhigende Erkenntnis: Die Initiationsriten aller Kulturen verlangen vom Mann Leistung und Bewährung. Bei vielen Völkern sind sie mit Blut, Schmerz und rigider Unterordnung verbunden.

* Franz de Waals, »Wilde Diplomaten. Drahtmütter versus Stoffmütter«, München 1991.
** »Mythos Mann«, München 1991.

Ohne den bestandenen Ritus bleibt der Jüngling aus der Männergesellschaft ausgeschlossen. Für Frauen gibt es in keiner Kultur etwas Vergleichbares. Frauen sind ohne Aufnahmeprüfung als Frauen anerkannt. Fazit: Männer sind in einer beständigen Bewährungsprobe.
Auch bei uns werden Jungen schon früh auf Leistung und Erfolg getrimmt. Das kann die Sicherheit und Geborgenheit der körperlichen Nähe nicht ersetzen. Für einen Jungen bleiben gravierende Zweifel, ob er anerkannt und gemocht ist, letztlich ob er geliebt wird. Ihm wird grundsätzliche Akzeptanz verweigert, weil Körperkontakt verweigert wird. Das löst Angst und Unsicherheit aus. Alle Männer, mit denen ich therapeutisch arbeitete, haben diese Gefühle des »nicht wirklich Dazugehörens«, des »sich nicht richtig angenommen fühlen«, des »Ausgestoßenseins« beschrieben. Alle siedelten die Entwicklung solcher versteckten Minderwertigkeitsgefühle in der Zeit zwischen Kindergarten und Schulbeginn an.

Einmal Distanz, immer Distanz

Viele Eltern hoffen, wenn sie die Schwierigkeiten ihres Jungen mit dem männlichen Rollenbild und dem anderen Geschlecht wahrnehmen, unsere Gesellschaft würde die Defizite wieder ausgleichen. Sie glauben, der Jugendliche würde, wenn er genug Freiheit habe, mit einer gleichaltrigen Partnerin neue Erfahrungen machen und andere Wege zu sich selbst und zum anderen Geschlecht finden. Diese Argumente zielen darauf, daß in unserer relativ offenen Gesellschaft die Kinder die Möglichkeit besitzen »nachzureifen«. Vor allem die Generation der 68er Bewegung hat große Hoffnung auf diese Nachreifung gelegt. Doch Zweifel an der formenden Kraft der gleichaltrigen Gruppe sind berechtigt, denn sie bietet

keine neuen Experimentierfelder für bisher unbekanntes Sozialverhalten, eher im Gegenteil: Gleichaltrige schließen sich nach Lebensauffassungen zusammen, die schon bestehen. Ein Jugendlicher kann nicht ohne weiteres von einer in eine andere Gruppe wechseln. Vor wenigen Jahren gab es Popper und Punker. Unversöhnlich standen sich die Gruppen gegenüber. Klischees wurden dort eher verfestigt als verändert. Vielleicht gibt es in den wenigen ungestörten Begegnungen, die trotz Gruppenzugehörigkeit geschehen, andere Empfindungen, doch sie bleiben Ausnahmen, die nicht in die Gruppen hineingetragen werden. Die Rollenmuster bleiben, Verletzlichkeit wird ausgesperrt, Coolsein ist angesagt.
Die Mädchen haben etwas bessere Startchancen, sie schaffen es untereinander leichter, sich gegenseitig kennenzulernen und miteinander vertraut zu werden. Bei den Jungen ist es anders. Sie festigen die kumpelhafte Verbindung, über tiefsitzende Schwierigkeiten gibt es keinen Austausch, Mutproben und halb spaßige, halb ernste Rangeleien, zum Beweis von Stärke und Vorherrschaft, bestimmen ihre Interaktion.
Der heimliche Minderwertigkeitskomplex der Männer verfestigt sich in der Zeit zwischen vierzehn und achtzehn. Das eigene Unvermögen bleibt ihnen nicht verborgen. Trotz aller äußerlichen Kraftmeierei, die männliche Jugendliche lieben. Junge Männer, die den Einstieg in ein offenes Gespräch fanden und über ihre Gefühle und Empfindungen sprachen, beschrieben sich als unbeholfen, und sie ärgerten sich über Mißverständnisse zwischen sich und ihren Freundinnen, ohne daß sie fähig waren, Probleme zu beseitigen, selbst wenn sie sie erkannten.
Sie spürten, daß irgend etwas zwischen der Freundin und ihnen stand. Sie konnten auch in einem offenen Gespräch nur schlecht eingestehen, daß sie erschreckt oder emotional angerührt waren. Statt dessen wählten sie Beschreibung wie »Ich war verlegen« oder »Damit konnte ich nicht umgehen«. Das Gefühl von »mangelhafter Befähigung, mit den Frauen um-

zugehen«, wie es ein Sechzehnjähriger etwas unbeholfen, aber treffend erklärte, war festgemauert.
So bestätigen sich auf unglückliche Weise frühe Erfahrungen.
Die Jungen sind von ihren kindlichen Schutzbedürfnissen früher und weiter entfremdet worden als Mädchen. Hängen bleibt: »So wie du ganz innen bist, will dich niemand haben. Willst du Anerkennung, mußt du der Große, der Starke, der Mutige sein.«

Angst und Aggression

»Angst erzeugt Aggression.« Die Verwandlung von Angst in Aggression geschieht bei Männern und Frauen. Auch Mütter bilden keine Ausnahme. Selbst im Zusammenhang mit ihren Kindern kann diese Wirkung eintreten. Einen Spezialfall der durch Angst ausgelösten Aggression will ich hervorheben: Ein Kind läuft vor den Augen seiner Mutter fast in ein Auto. Nur mit Glück entgeht das Kind dem Wagen. Die Mutter sieht jede Einzelheit, alles geht ungeheuer schnell. Viel zu schnell. Sie hätte nicht eingreifen können. Auch was danach geschieht, verläuft in Sekunden. Die Angst der Mutter schlägt um in Aggression. Sie schlägt das Kind ohne Überlegung, vielleicht ganz gegen ihre Gewohnheit.
Was der Mutter geschieht, ist leicht nachzuvollziehen. Übergroße Spannung und Angst erzwingen ein Ventil. »Eine Sicherung brennt durch.« Ihre Angst diktiert das Geschehen, selbst wenn die Gefahr, äußerlich gesehen, längst vorbei ist und das Kind unversehrt neben ihr steht.
Beim Kind laufen spiegelbildlich ähnliche Prozesse ab. Es spürt die Angst seiner Mutter, und danach erlebt es sehr deutlich ihre Wut. Daneben sitzt ihm der eigene Schreck im Nakken. Das Kind lernt: Aggression ist auch ein Ventil, die Angst

um jemanden und die Spannungen, die daraus erwachsen, loszuwerden. Die Verzahnung zwischen Angst und Aggression wird erweitert. In einer äußerst spannungsreichen Lehrstunde wurde die Mutter zum Modell. Das Kind hat erlebt, wie die Angst, die ein Mensch um einen anderen hat, mit Aggression beantwortet wird.

Zum Schluß ein Vergleich aus der Tierwelt: Daß Angst Aggression oder Härte hervorbringt, akzeptieren wir in der Tierwelt leichter. »Der Angstbeißer«, ein Hund, der beißt, weil er vor etwas Angst hat, den kennen wir. Sein Verhalten leuchtet uns ein. Daß nahezu alle scharfen Hunde auf diese Art zum Beißen abgerichtet werden, vergessen wir leicht.

Bei Männern fällt es uns schwerer zu akzeptieren, daß der männliche Weg in Härte ebenso ein Weg über Angst ist. Der Körperkontakt, der ihnen vorenthalten wird, läßt sie unsicher werden, unklare Erziehungsmuster tun ein übriges. Und nicht zuletzt säumen männliche Vorbilder ihren Weg, die auch aus Angst aggressiv oder hart reagieren.

Leider sieht ein Jugendlicher seinem Vorbild oder seinem Idol nie an, wie es zu dem geworden ist, was jetzt so erstrebenswert erscheint. Und durchschauen können die Jugendlichen ihren Helden sicher nicht, im Gegenteil, das Vorbild scheint die Schwierigkeiten, die dem Jugendlichen unter den Nägeln brennen, bravourös gemeistert zu haben. Was den Wunsch ihm nachzueifern meist erheblich anstacheln kann.

Ihre Aggression oder ihre Härte ist für Männer fast ebenso schlimm wie für die Menschen (meist Frauen), die unter ihnen zu leiden haben. Das ist schwer zu akzeptieren. Dennoch bin ich ziemlich sicher, daß ein Großteil der harten Männer sich unwohl in ihrer Haut fühlt. Sie ahnen ihre Defizite und finden doch keinen Weg aus ihrem Dilemma, oder sie wissen nicht, wie sie ihn ansteuern sollten. Ihre andere Erziehung hat die schlimmste Wirkung darin, daß sie fast jedem Gegenüber mißtrauen und es nicht wagen, über ihre Gefühle zu spre-

chen. Jungen werden äußerlich hart gemacht, doch innerlich bleiben sie ängstlich.
So wird die weiche, sanfte Seite des Mannes, die Seite, die offen Unsicherheit, Sorgen und Angst eingestehen möchte, in den Hintergrund gedrängt. Bis sie zur dunklen Seite des Mondes geworden ist, die wir von der Erde aus nie sehen können.

4
Die stillen Leiden
Zarte Seele hinter schwerem Harnisch

Stille Leiden ... bei Männern? – Das paßt nicht recht zusammen. Hinter männlichem Gehabe etwas anderes zu vermuten als Auftrumpfen oder Machtgelüste, das fällt vielen (Männern und Frauen) schwer. Männer klein und verletzlich zu sehen, da sträuben sich manchem die Nackenhaare. Eine Frau konterte hart: »Und selbst wenn es wahr wäre (daß Männer ängstlich und schwach sind), so leicht kommen die mir nicht aus; die sollen büßen für ihre Unterdrückung und ihre versteckte Gewalt. Ich hab' keine Lust, sie als kleine tyrannische Kinder zu betrachten und sie womöglich noch zu entschuldigen, in den Arm zu nehmen, sie zu bedauern, sie zu liebkosen. NEIN!«

Diese Frau hat recht. So leicht dürfen Männer nicht herauskommen aus ihrem Imponiergehabe und ihrem Machtstreben. Sie in Schutzbedürftige und Hilflose zu verwandeln, sie zu Opfern statt Tätern zu machen, ist sinnlos. Männer entschuldigen will dieses Kapitel nicht. Es geht um »Enttarnung«. Dieses Kapitel will die männlichen Muster als das zeigen, was sie wirklich sind: Eine Mischung aus problematischer Erziehung, verqueren Rollenerwartungen und versteckten Ängsten.

Es gibt einen Kampf der Geschlechter, wenn sich auch der ursprüngliche Wortsinn verschoben hat. Umschrieb der Begriff früher eher das Liebeswerben, so meint er heute das Ringen um soziale und politische Gleichberechtigung. Begreift man Männer und Frauen als Gegner im Kampf um soziale

und gesellschaftliche Macht, dann ist es hilfreich, viel über Motive, Hintergründe und Schwachstellen des Gegenübers zu wissen.
Wenn Frau also weiß, daß ihr Kontrahent (Mann) mit verdeckten Ängsten zu kämpfen hat, eröffnet sich möglicherweise mancher neue Ansatz, um Einfluß zu erlangen. Wenn ich als Mann solche Formulierungen wähle, muß ich erklären, was mein Interesse daran ist, den Männern so sehr in den Rücken zu fallen. Die männlichen Modelle für Beziehungen, Kommunikation und Gesellschaft sind in meinen Augen passé, wenn auch ein Großteil der Männer versucht, ihre Strukturen aufrechtzuerhalten. Geradeheraus gesagt: Ich hoffe, der Einfluß der Männer wird beschnitten, wenn Frauen die Hintergründe männlicher Haltungen und Wertungen genauer erkennen. Ich schätze die sozialen Fähigkeiten der heutigen Männer eher niedrig ein und glaube: Männern tut es langfristig gut, aus ihren Mustern verdrängt zu werden und neue Spielregeln im Zusammenleben der Geschlechter anzunehmen. Verdrängen meine ich wörtlich. Ich glaube weniger an einen Wandel durch Einsicht und Erkenntnis. Oft ist wohldosierter Druck ein wirksamer Garant für den Wandel. Ganz besonders bei uns Männern, die »zähe Brocken« sind, wenn es um Veränderung geht.

Der vermeintliche Vorteil von Härte

Wir haben uns daran gewöhnt, Härte als etwas Positives anzusehen. Der harte Geschäftsmann, der harte Fußballer, der Mensch, der hart gegen sich selbst sein kann. Im stillen oder offen werden sie bewundert. Vor allem die Härte, die ein Mensch gegen die eigene Person richten kann, wenn es um Ausdauer, Leistung oder Konflikte geht, steht hoch im Kurs. Manche Frauen verzweifeln an der Härte ihrer Ehemänner,

und viele Frauen wünschen sich heimlich, auch so hart zu sein, oder sie haben sich verzweifelt gefragt, wie ein Mann so hart sein kann.
Wahrscheinlich seltener haben sie gefragt, wie es *in* einem solchen Sturkopf aussieht. Männer haben mir erzählt, daß sie, nachdem der erste Ärger verraucht war, in ihrem Schweigen ebenso gefangen wie unglücklich waren. Sie hätten immer wieder versucht, sich einen neuen Anfang auszumalen oder eine Situation herbeizuführen, in der es leichter gewesen wäre, auf ein Gesprächsangebot der Partnerin einzugehen. Aber der innere Widerstand war übermächtig. Monotone Wiederholungen rasten in ihrem Kopf: »Du darfst dir keine Blöße geben.« – »Wenn du jetzt einlenkst, gibst du ihr recht.« – »Du verlierst dein Gesicht.« – »Sie hat keinen Respekt vor dir, wenn du jetzt einlenkst.« Diese Sätze zementieren jede Handlungsunfähigkeit.
Ich will nicht verhehlen, daß es auch andere Männertypen gibt. Männer, die kühl kalkulieren, wie lange ein Schweigen oder Ignorieren zu dauern hat. Manche Despoten zeigen schon Härte, weil ein Essen nicht nach ihren Wünschen war. Solche Männer müssen wir für einen Moment aus unseren Betrachtungen herauslassen. Sie sind so sehr innerlich eingeengt, daß sie das Bedürfnis nach echtem Austausch und gegenseitigem Verständnis verloren haben. Sie wollen ausschließlich beherrschen. Diese Verhaltensweisen sind oft auf schwere Erziehungsfehler zurückzuführen, doch auch diese Männer erleben so etwas wie Angst. (Siehe: »Der große Käfig«.) Jetzt betrachten wir zunächst die Männer, die ihren Wunsch nach Veränderung verspüren, ihn aber nicht in Gang bringen können und darum Gefangene ihrer Härte sind.

Stille Leiden

»Was soll ich denn machen?« fragte mich Erika, verheiratet mit Björn, »wenn er den Macker raushängen läßt?« Ich antwortete ihr mit einer Gegenfrage: »Erkennen Sie manchmal, daß er einlenken will, es aber doch nicht schafft?« Sie sah mich erstaunt an, dachte einige Sekunden nach und nickte. Björn war damit zwar ›aus dem Schneider‹, er mußte – von sich aus – nichts für eine Versöhnung tun, doch sie hatte auch den Nutzen der neuen Harmonie, ein Gefühl klammheimlicher Überlegenheit, weil *sie* entschieden hatte, wann wieder Frieden herrscht, nicht er.

Erika ließ sich dann auf ein Spiel ein. Ich bat sie, mit dem Wissen um seine Unsicherheit nach anderen Szenen zu forschen, von denen sie annehmen konnte, daß Björn nicht aus seiner Haut konnte, obwohl er wollte. Ihr fielen gleich mehrere Situationen ein: »Er kommt häufiger von der Arbeit heim mit einem Gesicht, da bekomme ich das Fürchten, als hätten sie ihn dort gefoltert. Wenn ich ihn dann frage, erzählt er mir zwar meistens, was los ist. Aber wie schlimm das alles für ihn war, kann ich nur in seinem Gesicht lesen. Reden will er darüber nicht.« – »Er hat manchmal Streit mit unserem Sohn. Und drei Minuten später merke ich, daß es ihm leid tut, daß er sich ärgert über seinen aggressiven Ton, mit dem er Mathias in die Defensive und ins Motzen treibt. Ich glaube, er würde dann schon gerne sagen: ›Ach, Mathias, das war blöd eben, was ich eigentlich sagen wollte, war ...‹ – Aber er kriegt die Kurve nicht.«

Erika fielen weitere Beispiele ein. Sie spürte, Björn verrannte sich und konnte dennoch nicht aufhören. Ich bat Erika, sich vorzustellen, was in Björn vor sich geht, wenn er in einer solchen Falle steckt. »Ich kann ihn da aber nicht herausziehen!« stellte sie bedauernd und erleichtert fest. »Und ich glaube, ich will es auch nicht. Ich bin nicht seine Mutter.« Sie hatte sicher recht. Björn mußte die ersten Schritte allein finden.

Björn ist ein Beispiel für viele. Männer fühlen sich unwohl in ihren Verhaltensweisen und finden keinen Ausweg. Oder was manchmal noch schlimmer ist: Sie starten einen halbherzigen Versuch, werden zurückgewiesen oder nicht mit der Herzlichkeit aufgenommen, die sie erhofft hatten, und sinken resignierend in ihre Isolation zurück. Der innere oder äußere Druck für Veränderung war zu klein.
Die Palette der stillen Leiden der Männer ist groß. Fast alle Männer leiden auch unter einer besonderen Form von Einsamkeit. Diese Einsamkeit erfaßt Männer, obwohl sie äußerlich gesehen alles andere als einsam sind: Sie sind von ihrer Familie, ihren Arbeitskollegen, ihren Freunden umgeben. Dennoch fühlen sie sich innerlich abgetrennt von ihrer Umgebung. Von solchen Gefühlen berichteten mir sogar Männer, die von ihrer Umgebung als Alleinunterhalter und Partyknüller beschrieben wurden. Die Antworten sind fast stereotyp: »Das ist alles nicht echt! – Das ist gespielt. Ich lache, obwohl mir zum Heulen zumute ist. Ich flachse mit jemandem, obwohl ich Magenschmerzen verspüre vor Ärger, Sorgen oder Müdigkeit.« Niemand, oft die eigene Partnerin nicht, soll erfahren, was »da drinnen geschieht«.
Diese Männer verstecken ihre empfindliche Seite, der Teil in ihnen, der Schmerzen, Leid, Trauer oder einfach Müdigkeit verspürt, wird sozial ausgespart. Das Rollenverständnis »Mann« gibt ihnen vor, sie wären weniger geachtet, weniger gemocht, wenn sie schwache Seiten zum Vorschein kommen ließen.
Ist ein Mensch real einsam, hat er wenig oder gar keine Gesellschaft, so kann er sich sagen: »Ich muß unter Menschen gehen!« Die Lösung seiner Schwierigkeit ist klar zu beschreiben. Wer einsam ist trotz Gesellschaft, sieht keinen so klaren Lösungsweg. Was soll er sich selbst vorschlagen: »Rede über deine Sorgen, sei ehrlich, zeige Trauer, Verletzung, Enttäuschung.« Da könnte er auch von sich verlangen: »Werde neugeboren, spreche ab sofort fließend Chinesisch, mache einen

Salto aus dem Stand.« Es hieße letztlich, ein anderer Mensch zu werden. Wer kann das auf Anhieb?

Nicht zuletzt haben Männer ja genau vor diesen Gefühlen (Trauer, Verletzung, Enttäuschung) Angst. Sie fürchten gerade bei diesen Themen, daß sie ihre Fassung verlieren. Sie fürchten, sich selbst aufzugeben: »Mein ganzes Leben ist ein Bluff.« Dieser Satz quält unausgesprochen viele Männer. – Ein verzweifelter Manager beschrieb seine Gefühle so: »Ich glaube an keine meiner Fähigkeiten wirklich, andere konnten sie in noch so bunten Farben schildern und beweisen, nichts lasse ich innerlich gelten. In Wirklichkeit halte ich mich für einen Versager und lebe in der ständigen Furcht, jemand würde mich enttarnen.« Frauen waren für ihn ein besonders heikles Thema. Er wollte sie auf der einen Seite erobern, auf der anderen Seite sagte ihm aber eine innere Stimme: »Frauen sind gefährlich, sie durchschauen dich fünfmal schneller als ein Mann.« Diese Angst, bloßgestellt zu werden, schwebte wie eine ständige Bedrohung über ihm, denn wer kein wirkliches Zutrauen zu seinen Fähigkeiten hat, muß ständig auf der Hut sein. Er suchte sich stets eindeutig sozial oder intellektuell unterlegene Frauen, sie bedrohten ihn weniger.

Doch auch Gefühle anderer Männer machen Männer oft ratlos. Besonders irritierend ist es, wenn ein anderer Mann weint oder verzweifelt ist. Männer versuchen eine solche Szene so schnell wie möglich zu beenden. Wenigstens verlangen sie von einem Mann, der sich so gehen läßt, »in klaren Worten zu beschreiben, was eigentlich los ist«.

Ein Mann kann einen anderen Mann meist schlecht trösten, er kann, selbst wenn er die Tränen hinnehmen könnte, die wichtigste Ebene für einen Trauernden, eine tröstende körperliche Berührung, weder ausführen noch hinnehmen. Berührungen unter Männern sind außerhalb einer sportlichen Situation oder einer Begrüßung fast undenkbar. Stellen Sie sich zwei Männer Arm in Arm in ein vertrautes Gespräch vertieft auf einem Spaziergang vor. Das gibt es in Mitteleuropa höchst selten.

Doch auch Gefühle von Frauen können sie ernsthaft aus der Fassung bringen. In einem Seminar saßen zwei Frauen und zwei Männer zusammen, sie kannten sich erst kurz und sollten sich gegenseitig ein Geheimnis erzählen. Die beiden Frauen waren sich nicht grün und begannen resolut damit, die Vorurteile, die sie gegenseitig verspürten, auszupacken: Du bist so eine, die ... begannen sie ihre Tiraden. Sie drückten ziemlich offen aus, was sie von der anderen hielten, und waren herzhaft bissig. Die beiden Männer sollten diese Szene beurteilen. »Die beiden Damen haben sich gesagt, wie sie sich gegenseitig einschätzen, in einem relativ ruhigen Ton.« Auf meine Nachfrage, ob die beiden ärgerlich aufeinander seien, erklärten beide: »Wahrscheinlich nicht.« – Jeder Unbeteiligte hatte die große Spannung zwischen den beiden Frauen bemerkt. Unsere beiden Kandidaten aber verleugneten sie, was mich zu der provokanten Frage an die beiden Kontrahentinnen führte, mit wem sie lieber eine Stunde im Café verbringen würde, mit ihrer Gegenspielerin oder einem der Herren? Worauf beide einhellig, mit breitem Grinsen und Naserümpfen betonten, die Stunde im Café lieber mit der anderen Frau verbringen zu wollen, als mit diesen »Holzköpfen«. Um keinen Zweifel zu hinterlassen: Es waren ganz normale Männer. Sie lebten in festen Beziehungen, gingen einem Beruf nach und nahmen an einem Seminar teil. Doch sie ignorierten die Spannungen. Sie bestritten es sogar, sich unwohl gefühlt zu haben, als die Frauen so aufeinander losgingen. Da zogen es die beiden Frauen vor, unter sich zu bleiben: »Eigentlich waren es äußerlich attraktive Männer, aber bei so viel Ignoranz den weiblichen Gefühlen gegenüber und so viel Verschlossenheit hatten wir keine andere Wahl.«

Viele Anteile ihres Innenlebens halten Männer fest verschlossen. Und vieles Strahlende hat eine verdeckte dunkle Seite. – Auch das Erfolgreich-sein-wollen, die häufig und strahlend vorgetragene Erwartung der Männer an die eigene Zukunft hat einen Gegenspieler: »Die Furcht vor Mißerfolg.« – Jeder

Sportler, jeder Spieler weiß, ohne Niederlage (meine eigene oder die eines anderen) kann es keinen Gewinner geben. Doch Männer wollen oft glauben machen: »Niederlagen gibt es (in meinem Leben) nicht!« Zumindest wollen sie uns weismachen: »Niederlagen stecken wir locker weg!« Das ist aber der Extremfall, normalerweise wird eine Situation so lange umgedeutet und die Verantwortung so weit weggeschoben, daß es keine wirklichen Niederlagen mehr gibt. Welch ein Selbstbetrug. Wer auf einen Sieg oder einen Erfolg hinfiebert, kann eine Niederlage nicht wirklich wegstecken. Die Bilder im Sport zeigen es eindeutig: Eine Mannschaft, die verloren hat, verläßt gedrückt, niedergeschlagen, enttäuscht das Stadion. Doch mit vollmundigen Erklärungen wird verdeutlicht, weshalb diese Niederlage kaum berührt, oder warum sie – im Gegenteil – gerade anspornt.

Frauen stehen anders zu Erfolg. Sie sind weniger darauf ausgerichtet. Sie wollen Erfolg nicht um jeden Preis und achten eher auf gutes Zusammenspiel, auf Gemeinsamkeiten. Ihr Erfolg ist weniger eine Niederlage für einen anderen. (Siehe Kapitel »Die andere Seite des Mondes«.) Ein Mißerfolg ist auch deshalb meist eine kleinere Bedrohung.

Doch Männern sitzt die Furcht vor einem Mißerfolg tief in der Seele. Nicht zuletzt, weil sie Männlichkeit und Erfolgreichsein aneinandergekoppelt haben. Harmonische Beziehungen, innere Ausgeglichenheit oder gar ein fröhliches Leben mit viel Lachen und Vergnügen – Nein! Solche Wünsche wären nicht männlich. Welche Verblendung. Es geht um Leistung, Stärke, Ansehen, Besitz. Alles ungeheuer anstrengende und mühselige Geschäfte. Folgerichtig lieben Männer Autos, Geld, Macht und schöne Frauen. Kluge, starke, gleichberechtigte Partnerinnen, die lieben sie weniger. Anregende, weil offene Gespräche, fröhliches, konkurrenzloses Spielen oder genüßliches Faulenzen haben keinen hohen Stellenwert. Das Zweckbündnis zählt, weniger die tiefe Verbundenheit zwischen Menschen.

Viele Männer sind unfähig zu lieben. Erich Fromm hat ein Buch über »Die Kunst des Liebens«* geschrieben, und er hat es als schlimmen Mangel unserer Gesellschaft erkannt, daß wir uns mit dem Lieben so schwer tun. Daß Männer diesen Mangel stärker zeigen als Frauen, deutet Fromm nur an. Die Zeit war noch nicht reif, Roß und Reiter klar zu benennen. Heute läßt sich die Unfähigkeit der Männer genauer beschreiben: Männer leben keine Beziehungen, sie rechnen sie aus. Sie bestimmen den Quotienten des Nutzens, den sie aus einer Beziehung ziehen werden, und rechnen ganz nüchtern die eigenen Leistungen dagegen. Auf die gleiche Weise kalkulieren sie ihre sozialen Kontakte, und so taxieren sie auch ihre Mitmenschen. Für jemanden etwas tun, weil man ihn mag, weil man sich angezogen fühlt, das ist für einen Mann oft schwierig. Wie schwierig, zeigt ein Beispiel:

Harald, Mitte Dreißig, gutaussehend, berichtete mir von der großen Liebe seines Lebens. Nach zwei Jahren war sie zu Ende. Resigniert sah er zurück und erklärte mir: »Ich habe ihr nie ein Geschenk gemacht, obwohl ich wußte, daß sie die Frau meines Lebens war. Ich habe es nicht ausgehalten, ihr etwas zu schenken. Es kam mir vor wie ausliefern, wie ein Eingeständnis meiner irrwitzigen Zuneigung. Das konnte ich nicht. Ein Geschenk wäre ein Symbol gewesen, welchen Wert sie für mich hat. Ich habe es nicht fertiggebracht.« An wieviel anderen Stellen mag er seiner großen Liebe signalisiert haben, daß er sich ihr nicht ausliefern will? Stille Leiden. Harald spürte, was er sich (und ihr) angetan hatte, und fand doch keinen anderen Schlußsatz als: »Wahrscheinlich würde es beim zweiten Mal genauso laufen. Ich fürchte mich immer noch zu sehr, um meine Gefühle offen zu zeigen.«

Beziehung bleibt für Männer ein Stück Rivalität. Trotz starker Gefühle geht es unterschwellig um: Wer ist oben, wer ist

* Erich Fromm, »Die Kunst des Liebens«, Berlin 1980.

unten? Wer braucht den anderen mehr? Wer ist stärker? – Männlicher Beziehungwahnsinn – anders kann man es nicht nennen.

Frauenstärke

Eines Tages passiert den meisten Männern etwas sehr Überraschendes: Sie entdecken zum erstenmal bewußt, daß Frauen Stärke besitzen. Es ist kein genormter Vorgang, der den Männern die Augen über das andere Geschlecht öffnet, doch stets ist er begleitet von dem gleichen ungläubigen Staunen. Sie leben in der falschen Vorstellung, innere Leidensfähigkeit und äußeres Stärkegehabe mache sie zwangsläufig zum starken Geschlecht. Sie kokettierten mit der Vorstellung, den Frauen weitgehend überlegen zu sein. Und dann dies: Gerhard, ein dynamischer Banker mit Karriereanspruch, 28 Jahre, lernte eine Frau kennen, und die lachte ihn aus, als er stolz seine beruflichen Pläne erklärte. Was war passiert? Sie hatten sich bei einem Volleyball-Turnier kennengelernt und fanden sich beide sofort sympathisch. Sie zogen sich auf einen ruhigeren Platz vor der Halle zurück. Als er stolz seine Karriere vor ihr ausbreiten wollte, begann Claire laut zu lachen: »Was ist so toll an Karriere?« Er sah sie verdattert an. Sie hatte ihn völlig aus dem Konzept gebracht. Er hoffte auf Anerkennung und ein gewisses ehrfürchtiges Staunen, in der Art: »So jung, und schon so zielstrebig.« Die Frauen, die er vorher kennengelernt hatte, hatten ihn alle nach seinem Job gefragt und ihn bewundert. Jedenfalls glaubte er das. Doch jetzt lachte ihn jemand aus. Nicht böse, nicht hämisch – einfach so. Es war keine Punkerin, die ihn abfahren ließ. Keine heruntergekommene Drogentussi, deren Kommentar ihn kalt lassen würde. Eine Frau, ungefähr in seinem Alter, eine Versicherungsangestellte, fragt ihn, ob er sich mit der Bank verheiraten wolle.

Ob er jeden Abend büffeln wolle für irgendeine Zusatzqualifikation. »Ich will auch Geld verdienen«, erklärte sie ihm, »aber ich will auch leben, Zeit haben für Beziehungen, für Freunde, für mich.« Sie saß so selbstbewußt vor ihm, daß er nur staunend zugeben konnte, so hätte er das alles noch nicht gesehen. Claire wirkte für Gerhard äußerst selbstbewußt, im Vergleich zu ihr kam er sich wie ein Kind vor, dem erzählt wird, was es heißt, erwachsen zu sein.

Gerhard beschäftigte sich lange mit Claires Ideen, eigentlich beschäftigte er sich mehr mit ihrer Person und noch genauer mit seiner Überraschung, daß es eine Frau war, die ihn so in Zweifel stürzen konnte. Zweifel an seinem Beruf und seiner Zukunft. Er hatte schon öfter erlebt, daß er unter Kollegen wegen seines Ehrgeizes kritisiert worden war, aber das hatte ihn nicht berührt. Seine Kritiker stellte er als aufgeblasen, neidisch oder dämlich in die Ecke. Er fühlte sich durch solche Kritik eher bestärkt in seinen beruflichen Zielen. Bei Claire war es völlig anders. Er fand nicht, daß sie ihm allgemein überlegen war, noch liebte er sie. Er fand sie nett, wollte sich mit ihr unterhalten, »ausprobieren, was geht und was nicht«, und er dachte daran, mit ihr ins Bett zu gehen, aber das hatte ihn nicht sonderlich bewegt. Bewegt hatte ihn ihre Kraft, ihre Ausstrahlung, als sie ihn so grundlegend kritisierte, ohne einen Funken Bösartiges oder Zerstörendes in ihre Sätze zu legen. Sie war anderer Meinung als er, das war deutlich, und sie durchschaute offenbar seine Engstirnigkeit, was den Beruf betraf. Zweifel, ob er in die richtige Richtung marschierte, waren ihm auch schon gekommen, doch er hatte bisher noch nie mit jemandem darüber gesprochen. Claire war stark, ohne ihn schwach machen zu müssen. Ihr Auslachen empfand er als kein bißchen gemein oder hinterhältig, er empfand es eher als freundlich und aufmunternd. Diese Art von Stärke hatte er bei einem Mann noch nie erlebt. Im Gegenteil, für die Kritik von Männern hatte er nur eine zynische Beschreibung: »Röhrende Platzhirsche mit lautem Renommier- und Stärkegehabe. Ähnlich zu belächeln wie der Hahn, der sich in die Brust wirft und kräht, denn letztlich steht er dabei häufig auf einem Misthaufen.«

Zwei Aspekte haben Männer besonders betont, wenn ich sie nach Erlebnissen mit starken Frauen fragte. Zuerst haben sie immer wieder herausgestellt, wie erstaunt sie waren, daß eine Frau Stärke besitzt, mit der sie ihn, den Mann, beeindrucken konnte. Auf diese Stärke waren die meisten nicht vorbereitet.

Männer kannten meist die zänkischen Rivalitäten mit Geschwistern oder Klassenkameradinnen, die sie zwar auch beschäftigten, woraus sie aber selten weibliche Stärke schlossen. Sie kannten das Schwärmen für eine Unerreichbare, doch Stärke assoziierten sie auch mit ihr nicht. Stärke von Frauen, die war ihnen lange unbekannt.

Hatten sie sich von ihrem ersten Schreck erholt, kam die nächste Überraschung. Sie ließ meist einige Zeit auf sich warten, manchmal brach die Erkenntnis erst bei der zweiten Begegnung solcher Art durch, wenn sie wahrnahmen, daß die Stärke, die Frauen besitzen, erheblich abweicht von dem, was sie bisher an Männer-Stärke erfahren hatten.

Natürlich gibt es nicht *die* starke Frau oder eine bestimmte Art Frauenstärke. Das, was Männer zu Anfang überrascht, ist ein witziger Einwand, der ihre Beweisführung aushebelt. Es kann der Gesichtsausdruck einer Frau sein, der einem Mann signalisiert, sie läßt sich von seinen Einschüchterungsversuchen nicht aus der Fassung bringen. Einen Mann kann die für ihn ungewöhnliche Offenheit irritieren, mit der SIE, ohne verlegen zu werden, seinen Selbstzweifel entlarvt. Ihn verwundert, daß eine Frau ihn kritisiert, ohne daß er sich angegriffen fühlt.

Männer, die sich darauf einlassen konnten, die Stärke in Frauen zu erleben, und es spannend fanden, den Unterschied zur eigenen Vorstellung von Stärke zu entdecken, unterschieden männliche und weibliche Stärke noch deutlicher. Diese Männer betonten, daß sie Frauen auch stark erlebt haben, wenn sie weinten, wenn sie eine Beziehung beendeten oder die Betrogenen waren. Alles Rollen, in denen Männer oft abweisend, bissig, aggressiv, zynisch oder machohaft reagieren. Männer wirken in solchen Konflikten gestelzt, sie flüchten vor der inneren Verletzung oder ihrer Betroffenheit. Sie fliehen möglicherweise in eine aggressive Sprache, die es ihnen ermöglicht, äußerlich oder vor sich selbst vermeintlich Haltung oder Fassung zu bewahren, auch wenn ihnen völlig anders zumute ist.

Doch Männer, die diese Stärke erkennen und schätzen, bleiben die Ausnahme. Der normale Mann wählt zu seinem eigenen Schaden einen anderen Weg. Einmal überrascht von der Erkenntnis, daß auch Frauen Stärke besitzen können, beginnt er sich auf die für ihn neue Seite des Weiblichen einzurichten, er wappnet sich. Er legt seine Taktik fest, um nicht noch einmal in eine solch peinliche Situation zu geraten. Er entwickelt Abwehrstrategien. Die Erkennungszeichen solcher Frauen sucht er auszumachen und frühe Anzeichen einer solchen Gefahr zu entschlüsseln. Er bastelt an einer persönlichen Strategie gegen starke Frauen. Oft unbewußt, haben ihn seine Erlebnisse mit einer selbstbewußten Frau tief verunsichert. Für männliche Machtspiele war er gerüstet, oder er wußte sich solchen Rangkämpfen zu entziehen. Doch die weibliche Stärke hat meist wenig Ähnlichkeit mit den männlichen Durchsetzungsstrategien. Solcher Kraft hat er letztlich wenig entgegenzusetzen.

Damit fühlt er sich einer starken Frau weit stärker unterlegen als einem starken Mann. Überdies gerät ein inneres Raster in Gefahr. Einem Mann unterlegen zu sein, das kann er vielleicht noch akzeptieren, aber einer Frau, dem schwachen Geschlecht, zu unterliegen, da steht weit mehr auf dem Spiel als eine einzelne zu verschmerzende Niederlage.

Solchen Gefühlen muß er mit aller Macht einen großen Riegel vorschieben. Er legt sich rhetorische Techniken oder Verhaltensweisen zurecht, die ihm helfen sollen, Oberwasser zu behalten. Damit erhalten Zynismus, gespielte Überheblichkeit und Ignoranz solcher Männer den letzten Schliff. In der etwas ärmlichen Freude, jetzt wirklich von niemandem mehr umzustoßen zu sein, übersehen sie, daß sie jetzt kein Gips-, sondern ein selbstgeschweißtes Stahlkorsett angelegt haben, in dem es sich unerreichbar einsam, aber auch endlich gefühllos existieren läßt. Wirklicher Austausch mit anderen Menschen ist danach zwangsläufig ausgeschlossen. Aber den sicheren Stand, den sie erwarten, den entwickeln sie nicht. Im Gegenteil. Immer rigider müssen sie Selbstzweifel bekämpfen, immer größeren Abstand zu anderen Menschen erzwingen, immer härter wird der Kampf gegen Gefühle von Schwäche und das Nachlassen von Anspannung und Wachsamkeit. Selbst wenn Männer es schaffen, diesen Kampf ganz ins Unterbewußtsein zu verlagern, was sicher möglich ist, bleibt ihre »Anfälligkeit« im übertragenen Sinn erhalten: Vielleicht werden sie jetzt schneller krank, suchen (verzweifelt) nach Ersatzbefriedigung oder immer neuen Freunden oder Frauen. Sie finden keine Ruhe, so sehr sie auch darum kämpfen.

Innere Leere ergreift Besitz von Männern, die sich auf diese Weise völlig abgekapselt haben. Es sind wahrscheinlich mehr Männer, als Frauen (und Männer) ahnen. Sie sind in ihrer Art zu leben fast vollständig auf das Abwickeln und Einhalten fester Regeln ausgerichtet. Ihre Leere ist fast wörtlich zu nehmen, ihr Leben verläuft mechanistisch.

Auch wenn nur wenige Männer in diese völlige Isolation verfallen, sitzen doch viele in einer zusätzlichen Falle. Ihre Wahrnehmung für andere wird immer unsensibler. Wer sich so sehr ins Schneckenhaus der Abwehr zurückgezogen hat, verliert auch die Fähigkeit, die wahre Stärke eines Menschen abzuschätzen. Denn die Furcht vor Frauen, die so aufwendig kaschiert wird, befällt Männer möglicherweise auch dann, wenn die Frau, die ihnen gegenübersteht, gar nicht so stark und selbstsicher ist, wie sie fürchten. Die Angst, zum Verlierer zu werden, macht letztlich zum Verlierer.

Einige meiner Gesprächspartner haben bei den Diskussionen über die unterschiedliche Stärke von Männern und Frauen die These vertreten, die beiden Arten von Stärke ließen sich gar nicht aneinander messen. Sie glaubten, daß jedes Geschlecht seine Stärken und Schwächen habe, und daß die unterschwellige Scheu der Männer sich aus der sozial und durch Erziehung erzwungenen Entfremdung der Geschlechter ableite. Das Erschrecken der Männer vor den Frauen würde sich damit stärker aus den frühen Konflikten ableiten, der Aspekt des Vorteils der weiblichen Stärke träte dann in den Hintergrund. Auch für diese Vermutung sprechen einige, nicht schnell von der Hand zu weisende Argumente. Vor allem die psychoanalytische Theorie hat sich mit den ödipalen Konflikten und den Fragen der Unmöglichkeit der Identifikation der Jungen mit ihren Müttern beschäftigt. Diese Theorie besagt, Jungen würden schon sehr früh erkennen, daß sie nicht demselben Geschlecht angehören wie die Mutter. Sie könnten sich also nicht mit ihr identifizieren und blieben an diesen Konflikt gefesselt. Dieser Problemkreis kann an der Entstehung der männlichen Schwierigkeiten mit Frauen mitbeteiligt sein, daß er eine Hauptursache der Konflikte der Männer mit Frauen ist, diese Ansicht teile ich nicht.

Ich halte die weibliche Stärke der männlichen direkt vergleichbar, beide sind weitgehend durch unsere Sozialisation bedingt. Die Ausformung spezifisch männlicher und spezifisch weiblicher Verhaltensweisen baut sich kontinuierlich in allen Altersstufen auf. Und in der momentanen sozialen Wirklichkeit besitzt die weibliche Stärke einen gewissen Vorsprung. Neuere Literatur*, die sich mit der Konkurrenz unter Frauen beschäftigt, zeigt, daß Frauen erhebliche aggressive Fähigkeiten besitzen und es bei Konflikten unter Frauen auch hart hergehen kann (woran ich nie gezweifelt habe). Dennoch glaube ich, der Empathievorsprung, die weniger auf Konkur-

* »Frauen gegen Frauen«, Jil Barber u. Rita Watson, Reinbek 1991.

renz ausgerichtete Rollenerwartung und der weitgehende Verzicht auf Härte gegen sich selbst läßt weibliche Stärke zumindest im Mittel wirksamer sein.

Männliche Überlegenheit?

Manche Männer lieben es, mißmutig mit Kellnern, Untergebenen und der eigenen Ehefrau umzuspringen. Selten wird dabei die naheliegende Vermutung ausgesprochen, hinter diesem Mißmut, dieser Aggression stecke Angst. Eher dienen Arbeitsüberlastung, Ärger im Büro, die scheinbare Unfähigkeit der anderen als Erklärung. Wirklich starke Persönlichkeiten haben solche Profilierung nicht nötig. Im Gegenteil, sie wissen um die Reibungsverluste, die durch Mißachtung der persönlichen Integrität eines Menschen entstehen. Ein Chef, der seinen Mitarbeitern unberechenbar, launisch oder mißmutig entgegentritt, darf sich nicht wundern, wenn Arbeitsergebnisse schlechter werden, letztlich kämpft er gegen seine Mitarbeiter, selbst wenn er das nicht will.
Es ist kaum von der Hand zu weisen: »Wer gegen Abhängige kämpfen muß, ist unsicher.« Bei vielen despotisch auftretenden Menschen steht sogar eine Parallele in ihren Lebensgeschichten hinter dieser Arroganz. Viele dieser Männer wurden mit sehr viel Gewalt erzogen und in ihre Lebensmuster gepreßt. Ihre Hoffnungen auf Wohlwollen sind zerstört worden, und ihre innere Gleichung lautet: »Weshalb sollte ich freundlich sein? – Zu mir war und ist das auch niemand.« Nur erhebliche körperliche und psychische Gewalt von Eltern kann eine so tiefe seelische Verletzung zufügen. Nur solche Bedingungen bringen diesen zynischen Fatalismus und solche aggressive Hoffnungslosigkeit hervor. Oft könnte man Mitleid empfinden mit solchen Ekeln, wären ihre Auftritte nicht derart abstoßend.

Eine andere Variante männlichen Überlegenheitsgehabes ist die Lust zu belehren. Mann schwadroniert über längst Bekanntes, erklärt Zusammenhänge, die für niemanden mehr zweifelhaft sind, oder hat eine Lieblingserklärung für alle Themen der Zeit. Selbst wenn etwas erklärt wird, das naheliegend und verständlich ist, wird es zur Geheimwissenschaft erhoben. Und oft sind schließlich einfache Dinge so kompliziert verpackt, daß es zum Schluß ernstlicher Anstrengung bedarf, die eigentliche Aussage zu entschlüsseln. Auch diese Erklärsucht hat einen ängstlichen Kern. Oft ist ein langatmiger Monolog mit vielen kleinen ängstlichen Einsprengseln gekoppelt. Der Erklärer fürchtet den Faden zu verlieren, sich nicht verständlich machen zu können, selbst eines Besseren belehrt zu werden, ein wichtiges Wort zu vergessen oder ein notwendiges Glied einer langen Kette von Argumenten auszulassen.

Der Mann, der gern erklärt oder belehrt und ununterbrochen redet, fürchtet im Kern, nicht genügend geschätzt und beachtet zu werden. Die Aufmerksamkeit soll ihm beweisen, daß er anerkannt ist und sein Wissen oder sein Verstand allgemein akzeptiert sind.

Männer dominieren Gespräche, Parties, Gesellschaften und Konferenzen. Zumindest entwickeln sie diesen Anspruch. Manchmal ist es erheiternd, in einer großen Runde herauszufinden, wer den Anspruch erhebt zu bestimmen, zu lenken oder zu bewerten. Und richtig spannend wird es, wenn mehrere solcher selbsternannten Führer in einer Gruppe aufeinanderstoßen. Für die schnelle und sichere Identifikation genügt es, die Zielrichtung einer Aussage zu erkennen. Fast immer geht es um Korrigieren, Kritisieren, Kaschieren (eigener Unwissenheit), um Dominieren und Imponieren. Sehr selten geht es darum, Ideen gleichwertig nebeneinanderzustellen, neidlos einen besseren Vorschlag (als den eigenen) anzuerkennen, fremde Ideen tatkräftig zu unterstützen, die eigene Lösung als verbesserungswürdig darzustellen, oder gar, das

schlimmste männliche Vergehen, um Hilfe zu bitten, verbunden mit dem Eingeständnis von Unkenntnis oder den Grenzen der eigenen Fähigkeiten.
Jede Frau kennt Situationen, in denen Männer versuchen, ihnen ihre Vorstellungen überzustülpen »Ein Mann wäre kein Mann, würde er nicht versuchen, die Frauen zu dominieren«, sagte mir eine sehr freundliche ältere Dame, und nur an ihrem Lächeln erkannte ich die spitzbübische Ironie ihrer Aussage. Sie hat sicher recht. Für viele Männer ist das Bestimmen über Frauen ein Teil ihres Rollenverständnisses. Männer scheuen sich noch nicht einmal, den optimalen Einsatz der Waschmaschine, die Effizienz der Putzlappen und das Aufschütteln der Bettdecke zum Bereich ihrer Kompetenz zu erklären und besserwisserische Vorschläge zu entwickeln – natürlich ohne selbst Hand anzulegen. Sie stilisieren ihren Dominanzanspruch zur Überlegenheit, um ihre innere Unsicherheit zu überspielen. Zum Glück ändern sich die Zeiten, und mancher Mann produziert heute nur noch einen Heiterkeitserfolg bei dem Versuch, in einer Frauenrunde den Ton anzugeben.

Schwachstellen

Die meisten von uns (auch Männer) sind wenig geübt im Durchschauen ihrer eigenen Machtspiele. Vielleicht ist das so, weil es den Männern noch gelingt, ihre schwachen Seiten vor sich selbst zu verheimlichen. Wer würde schon auf den ersten Blick glauben, daß ein dominant auftretender Mann sich im Inneren zaghaft und zögerlich fühlt. Wer würde glauben, daß ein Mann mit zweihunderttausend Mark Jahresgehalt zu Hause davon abhängig ist, daß seine Frau ihm zärtlich und ausdauernd den Rücken streichelt, wie einem kleinen Kind, das beruhigt werden muß. Wer würde glauben, daß der Geschäftsführer einer großen Gesellschaft Angst davor hat, mit einer Frau zu schlafen, weil er ständig in der Angst vor Impotenz lebt? Wer würde glauben, daß ein Behördenleiter einer Großstadt daran zerbricht, daß seine Frau ihn nicht mehr für einen tollen Typ hält, sondern ihm seine Schwächen deutlich ins Gesicht sagt. Beispiele für Männerleiden. Sie leiden ganz im stillen. Die Beispiele betreffen ganz normale Männer. Sie leiden nicht an dramatischen seelischen Störungen. Es sind ganz normale Männer mit Witz, Charme und Intelligenz. Doch bei Frauen geraten sie in Schwierigkeiten. Dabei zählen diese drei Männer zu den Mutigen, denn sie gestehen ihre Probleme ein, sie erlauben einem Dritten, solche Details ihres Seelenlebens zu erfahren.

Die große Mehrzahl der Männer schweigt – verschämt, verunsichert oder verletzt. Niemand darf von ihrem Leid erfahren, es wäre unmännlich, es würde ihr Selbstbild oder genauer, das Bild, das andere von ihnen haben sollen, zerstören. Mancher Manager suchte meinen Rat, weil er glaubte, sonst mit niemandem über geschäftliche Sorgen reden zu können. In der Firma, so fürchten sie, würden solche Gespräche als Führungsschwäche oder mangelnder Biß gebrandmarkt, und ihren Frauen wollen sie solche Sorgen nicht eingestehen. »Wenn sie sich dann auch noch Sorgen macht, kann ich mich nirgendwo mehr anlehnen«, erklärte mir ein Produktionsleiter ganz freimütig.

Der Wunsch der Männer sich anzulehnen, bleibt vielen Frauen, auch Ehefrauen, verborgen. Solange aber ein Wunsch nicht direkt geäußert wird, kann er auch nicht befriedigt werden. Doch Männer finden Ersatzlösungen für ihre Sehnsucht nach Anlehnen und Geborgensein. Für Männer bedeutet sich anlehnen können schon, daß sie abends gefragt werden, wie der Tag war, auch wenn dann nicht darüber gesprochen wird, denn die Absicht, wirklich über Belastendes zu berichten, steht nicht dahinter. Solcher Ersatz gibt ihm schon das Gefühl, es sorgt sich jemand um mich, und oft genügt einem Mann eine kleine Geste. Ein Mann lehnt sich an, indem er seiner Frau in der Küche über die Schulter schaut und erkennt, jetzt wird etwas für ihn getan. Für ihn ist es Anlehnen, wenn er den Kindern zuhört, wie sie leiser werden, weil er in die Wohnung gekommen ist, und für ihn ist es Anlehnen, wenn er wenigstens zu Hause alle Kleidervorschriften vergessen kann und in durchgelaufenen Hausschuhen und dickem Pullover herumschlurft. All das ist Anlehnen, kleine Portionen von Geborgenheit und Fürsorge. Minimiert, fast nur noch symbolisch, aber mehr als nichts. Etwas anderes kennen sie nicht und wollen viele Männer nicht in Gang setzen. Manche Frau staunt, wenn sie erfährt, welchen Wert solche Rituale für Männer haben.

Ich schlage Frauen oft vor, das eigene Bedürfnis nach Geborgenheit zu beschreiben. Dann bitte ich sie, das gleiche für ihren Mann zu tun. Regelmäßig fällt Frauen dazu wenig ein. Geborgenheitswünsche ihrer Männer haben sie selten bewußt wahrgenommen. Ich schlage den Frauen vor, versuchsweise davon auszugehen, daß das Bedürfnis nach Geborgenheit bei den Männern ähnlich ausgeprägt ist wie bei ihnen. Und gebe ihnen auf, nach den möglichen Ersatzhandlungen zu suchen.

Mit Männern mache ich es umgekehrt. Ich lasse sie die Bedürfnisse ihrer Partnerinnen nach Geborgenheit formulieren und frage sie dann nach ihren eigenen. Dazu fällt den Männern meist ebensowenig ein wie den Frauen. Auch ihnen schlage ich vor, nach den Ersatzhandlungen zu suchen. Halbwegs aufgeschlossene Männer sind häufig verwundert, in welch sublimierter Weise sie ihren Wunsch nach Geborgenheit befriedigen.

Doch auch der weniger an äußerem Erfolg orientierte Mann hat Angst vor Schwäche und Versagen. Für ihn kann es Schwäche sein, seiner Frau recht zu geben oder ihr einen Gefallen zu tun, für ihn mag es Schwäche sein, vom Nachbarn dabei »ertappt« zu werden, wenn er in der Küche abwäscht. Er glaubt zu versagen, wenn er nicht alle zwei Jahre einen

neuen Wagen fährt. Oder er fühlt sich schwach, wenn er bei einem anrührenden Fernsehstück mit Tränen kämpfen muß.
Es gibt tausend Gründe für einen Mann, Schwäche zu fürchten. Anders als bei Frauen, die Schwäche oft kokett betonen, jedenfalls besser damit umgehen können, ist für einen Mann Schwäche ein ernstlicher Makel, den er zu vermeiden trachtet. Konsequent nach Männerart spielt er Stärke, wo er sie nicht besitzt. Fühlt man ihm auf den Zahn, spricht man seinen Ehrgeiz an, der soviel Freizeit oder Privatleben kostet, wird dem Fragenden oft die Mär der alleinigen Erfüllung durch Arbeit angeboten. Oder es wird die kurze Zeit betont, die solche Anforderungen nur bestehen werden. »In zwei (vier, acht) Jahren ist das alles längst vorbei.« Bis zur Karikatur wird beteuert, welch ungeheures Glück in der Erfolgsbilanz einer Firma liegen kann, und welche Freude es ist, zu sehen, daß der Umsatz um ein Prozent stärker gewachsen ist als projektiert. Männerschummeleien. Sie sollen verschleiern, daß die Angst vor Schwäche oder Niederlage sie bestimmt.
Männer klammern sich an solche – oft ungeschickten – Ausreden, wie ein Ertrinkender an die nicht aufgeblasene Schwimmweste. Sie kann ihn nicht retten. Doch je klarer dieses Wissen wird, um so stärker klammert er. Für unbeteiligte Außenstehende liegt darin oft eine Harlekinade. Sie ist mitleiderregend, doch selten glaubhaft. Selbst der Spott, den Männer provozieren mit ihren fadenscheinigen Erklärungen für die Jagd nach Erfolg, läßt sie unbeirrt weiterstampfen. Besinnung auf eigene Bedürfnisse bleibt die Ausnahme.
Mir kommen hin und wieder Zweifel, ob ich die Männer nicht zu schwarzmale, wenn ich das Aufgesetzte ihrer Stärke so deutlich herausstelle. Meist wenige Tage später erlebe ich dann wieder Szenen, oder sie werden mir berichtet, die mir deutlich vor Augen führen, wie armselig es um die männliche Stärke steht. Das letzte Erlebnis dieser Art: Ein Mann verirrte sich in eine reine Frauengruppe und stand völlig hilflos vor

den Frauen, die es genossen, ›ihn‹ verlegen nach einer Erklärung suchen zu sehen. Es war keine einmalige Episode; 80% der Männer verlieren ihre Fassung, wenn sie in eine reine Frauenrunde geraten. Treffen Männer auf einen Damen-Kegelverein, ein Kaffeekränzchen, ein Seminar für weibliche Führungskräfte oder ein Schreibbüro, mit dem sie nicht unmittelbar zu tun haben, werden sie albern, anzüglich, flirten an absolut unpassender Stelle. Sie erkennen, daß sie stören, aber finden keinen passenden Abgang. Von wirklicher Stärke oder Souveränität keine Spur. Die meisten Männer hampeln peinlich durch eine solche Szene.

Irgendwann erleben Männer die Stärke der Frau, davon habe ich schon gesprochen. Doch genauso machen Frauen die Erfahrung eigener Stärke. Solche Erlebnisse können sehr klar sein oder schemenhaft. Es war immer spannend zu erleben, daß Frauen, die ihre Stärke erkannten, sie eher als Einzelperson verbuchten – und Männer, gerade im Gegenteil, Stärkegefühle häufig aus einem Gruppengefühl heraus entwickelten.

Christine, 34, Reprografin, Single, beschrieb mir folgende Szene: »Ich fühlte mich früher absolut mausig, mit fahlroten Haaren, Brille und Sommersprossen. Ein echtes häßliches Entlein. Mein einziges Plus, ich war schlank und einsachtzig groß. Wenigstens mußte ich zu niemandem aufschauen!« Sie tanzte gern, ging häufig in Diskotheken, doch mit den Tanzpartnern haperte es. »Zuerst war ich zu groß, dann sah ich nicht so aus, wie die Jungs sich ein tolles Mädchen vorstellten.« Sie tanzte gut, wagte es aber meist nicht, sich frei zu bewegen. Sie wollte nicht noch mehr auffallen und bildete sich ein, alle würden sie anstarren. Das tat zwar niemand, aber sie befürchtete es. An einem solchen Abend entdeckte sie einen Mann, ungefähr so alt wie sie, der für ihre Begriffe ganz toll tanzte. Seine Partnerinnen schienen davon allerdings wenig inspiriert zu werden. Gegen ihre Gewohnheit sprach sie ihn an. »Ich war begeistert, und er spürte es. – ›Wir sollten es zusammen probieren‹, schlug er vor. Er war nicht in mich verliebt und ich nicht in ihn. Doch wir haben toll miteinander getanzt. Es wurde ein wundervoller Abend.« Zum ersten Mal wagte sie, so ausgelassen zu tanzen wie zu Hause. »Die Blicke der anderen erschienen mir jetzt bewundernd. Es war ein unbeschreibliches Gefühl. Ich tat, was ich wollte, und fühlte mich irgendwie bestätigt.«

Christine hat diesen Mann nicht wiedergesehen. An diesem Abend hat sie sich geschworen, keine Scheu mehr zu haben. Das zu sagen, was sie denkt, und zu tun, was ihr in den Sinn kommt. »Ich hab immer noch Sommersprossen und eine Brille, aber mausig bin ich kein bißchen mehr. *Ich* habe etwas geschafft. Hätten wir uns ineinander verliebt, wäre meine Sicherheit nur an ihn gebunden geblieben. So war es *meine* Kraft.«

Der kleine, aber entscheidende Vorsprung

Viele Frauen kennen solche Erlebnisse. Nicht immer erkennen sie bewußt darin die eigene Stärke, manches bleibt unterschwellig. Doch solche Geschichten bleiben im Gedächtnis. Es ist die Bekanntschaft mit ihrer persönlichen Kraft, die sie zwar nicht immer einsetzen, die sie aber erlebt haben. Entwickeln Frauen solche Gefühle von Kraft, dann reifen parallel dazu Fähigkeiten, die Männer sehr selten besitzen und oft nur bestaunen:

Frauen bespielen die Klaviatur der Emotionalität äußerst souverän. Im ersten Moment denkt ein Mann bei diesem Satz an weibliche Verführungskünste – Augenaufschläge und weibliche Raffinesse. Doch weibliche Möglichkeiten, emotional zu sein, sind um einiges weitreichender und komplexer. Frauen können lachen und weinen zugleich, sie können wütend sein, ohne das Gegenüber zu verletzen oder zu bedrohen, Frauen können ihre Stimmung sehr schnell ändern (das ist etwas Positives). Sie sind wesentlich differenzierter als Männer in ihren Möglichkeiten, Gefühle zu unterscheiden und zu beschreiben. In vielen Gruppen war mein Eindruck, daß die beteiligten Männer den Vorsprung etwas neidvoll erkannten.

Die wesentlich größere Vertrautheit mit Gefühlen bildet den bedeutendsten Unterschied zwischen Männern und Frauen. Oft erschien es mir, als begründe er geradezu die Scheu der Männer vor Frauen. Die Furcht eines Mannes durchschaut zu werden mit seinen Ängsten und Schwierigkeiten, wächst rasant, besitzt das weibliche Gegenüber die Fähigkeit, in seinen Augen zu lesen, Stimmung aufzunehmen oder mit kurzen klaren Kommentaren jemandem die eigene Seele zu spiegeln.

Diese weibliche Fähigkeit ist sehr alt. Wodurch kommt sie zustande? Ist es ein erlernter oder genetischer Ausgleich für die geringere Körperkraft? Ist es ein Produkt der frühen Schulung, die Bedürfnisse eines Neugeborenen zu erahnen? All das ist Spekulation. Letztes Wissen über die Ursachen werden wir kaum erlangen. Stellen wir also diese Kaffeesatzdeutung ein und wenden wir uns den konkreten Unterschieden zu.

Die Zahl der sichtbar starken Frauen wächst. Ebenso wächst die Wahrscheinlichkeit, daß Männer häufiger mit starken Frauen konfrontiert sind. Die heutige Kommunikation (nicht Gesellschaft) ist gewaltärmer. Die Fähigkeit der Frauen, einen Menschen deutlicher wahrzunehmen, seine Antriebe und Befürchtungen besser herausfiltern zu können, gewinnt damit stärkere Bedeutung. Eitelkeiten oder Bedürfnisse nach äußerlicher Anerkennung herauszufiltern, schafft günstige Voraussetzungen, Einfluß auszuüben. Einflußnehmen hängt immer stärker von kommunikativen Fähigkeiten ab und wird zunehmend weniger von Macht bestimmt.

Der kleine Vorsprung von Frauen bringt die Männer in Bedrängnis, läßt sie vor Frauen zurückschrecken oder zunehmend vorsichtiger mit ihnen umgehen. Besonders wenn es keine direkte Abhängigkeit gibt. Ist die Frau, mit der ER konfrontiert ist, eine Fremde, nicht die Ehefrau, die Sekretärin oder eine Untergebene, dann reagieren Männer heute äußerst vorsichtig. Selbst hinter Versuchen, in solchen Situationen zu flirten, kann eine erhebliche Portion Unsicherheit lauern. Mehr darüber im Kapitel »Der große Graben«.

Die Angst der Männer vor Frauen beruht auch noch auf anderen Quellen. Viel delikatere Prozesse laufen parallel mit zunehmender weiblicher Selbstsicherheit. Der Körper der Frau birgt, neben den meist positiv erlebten Brüsten, noch ein Organ, das Männer nicht besitzen und dessen Beurteilung und unterschwellige Bewertung weniger eindeutig ist, die Vagina. Vor allem mit den unausgesprochenen männlichen Empfindungen müssen sich beide Geschlechter befassen, wollen sie nicht Opfer solcher verdeckt ablaufender, aber mit erheblicher Sprengkraft ausgestatteter Abläufe werden. Die frühen Arbeiten Freuds und seiner ersten Schüler haben schon deutliche Hinweise für die Vermutung geliefert, daß Männer, häufiger als ihnen lieb ist, Angst vor den weiblichen Genitalien erleben. Nicht wenige Männer kennen Angstphantasien, in denen sie Gewalt von der Vagina erwarten. Die Kastration durch eine Vagina ist ein tiefenpsychologisches Korrelat solcher Ängste. Daneben ist sie möglicherweise auch Projektion eigener Gewaltphantasien.

Das ist das Extrem männlicher Furcht vor dem weiblichen Körper. Es erscheint sonderbar, da wird der weibliche Körper so sehr begehrt und ist gleichzeitig Anstoß von Angstphantasien. Doch es ist nicht so verwunderlich, wie es scheint. Angst vor Unbekanntem kennen fast alle Menschen, Männer machen da keine Ausnahme, wenn sie auch häufig versucht sind, es zu leugnen. Die Vagina ist dem Mann wenig vertraut. Kein weiblicher Körperteil ist so deutlich unterschiedlich zu entsprechenden männlichen Körperteilen. Der natürliche Trieb der Menschen (seine Neugier) zielt darauf,

das Andersartige des anderen Geschlechts zu erforschen. Ethik und Moral haben in vielen Jahrtausenden dieses spielerische Erkunden zwischen Männern und Frauen eingeengt. Das Kennenlernen des anderen Geschlechts wurde und wird immer weiter hinausgezögert. Sicherlich gibt es aus gesellschaftlicher Sicht nachvollziehbare Gründe, diese künstliche Distanz zwischen Mädchen und Jungen herzustellen. Doch für die Ängste der Männer, die sich (auch) auf das Unbekannte der Frau richteten, hat es unangenehme Auswirkungen. Von der frühen, spielerischen Art unserer »Primitiv«-Kulturen haben wir uns sehr weit entfernt.
Helmut Kentler* beschreibt Kulturen, die ihren Kindern regelrechte Liebeshäuser eingerichtet haben, zu denen sie bis zu einem bestimmten Alter Zutritt hatten. Dort leiten die etwas Älteren die unerfahreneren Jüngeren an, Sexualität zu lernen und lustvoll zu genießen. Von einer solchen freien Sexualität sind wir sicher weit entfernt.
So schürt in unserer Kultur männliche und weibliche Unwissenheit die Phantasie und oft auch Ängste. Findet dann zwischen Jungen und Mädchen, Männern und Frauen eine Begegnung statt, dann darf der Mann nur wenig von seiner Unwissenheit offenbaren. Also geschieht das, was Männer in Situationen von Unsicherheit besonders häufig tun, sie täuschen vor. Sie spielen Wissen, sie spielen Vertrautsein, sie spielen Selbstverständlichkeit. Und vertun die Chance, offen zu gestehen, daß sie wenig wissen und sich ein bißchen fürchten vor Sexualität und dem Organ der Frau, das sie selbst nicht besitzen. Sie wünschten sich eigentlich viel Zeit, das Neue, das Unbekannte kennenzulernen – aus sicherer Distanz. Der Anspruch, nie Schüler, sondern immer Lehrer zu sein, verbaut diese Chance.
Die Liste der Lebensäußerungen von Frauen, die Männer beunruhigen können, ist lang. Selbst Lachen ist darin enthal-

* »Sexualwesen Mensch«, Hamburg 1984.

ten. Ein offenes Frauenlachen kann Männer verunsichern. Viele Männer haben mir gestanden, daß Lachen von Frauen sie unsicher machen kann. Besonders wenn es eine Frau ist, zu der sie sich hingezogen fühlen, kann es geschehen, daß sie innerlich vollkommen die Fassung verlieren und vergessen, was sie wollten oder sollten. Männer befürchten leicht ausgelacht zu werden, obwohl kein Hinweis darauf zu erkennen ist, daß sie selbst der Auslöser von Häme oder Belustigung sein könnten.

Hat ein Mann einmal die Erfahrung gemacht, »eine bestimmte Frau ist stark und kann mich verunsichern« (was nicht zwangsläufig dasselbe ist), dann ist er auf der Hut vor ihr. Je nach eigener Psyche kann er sie bekämpfen, ihre Nähe suchen, ohne ihr nahekommen zu wollen, sie beobachten, sich über sie informieren oder Strategien entwickeln, um ihre Aufmerksamkeit auf sich zu ziehen.

Vieles an einer Frau kann einen Mann verunsichern. Es kann die scharfe Zunge sein oder eine Art der Argumentation, der er sich nicht gewachsen fühlt. Doch ganz oft steht eine Komponente im Mittelpunkt, die Männer bei starken Frauen regelmäßig ausrasten läßt: ihr Blick.

Der tiefe Blick einer Frau, von der sie glauben, wissen oder befürchten, daß er nicht aus Liebe abgeschickt wird, bringt manche Männerseele ins Wanken. Er trifft sie schlimmer als die Kritik eines Vorgesetzten. Die einzige Möglichkeit, mit solchem Blick umzugehen, ist innerliche oder äußerliche Flucht. Er beginnt seine Akten zu ordnen, die aus drei Blättern bestehen, er dehnt den Blick aus dem Fenster völlig unangemessen lange aus, er prüft die Qualität seiner Maniküre, die ihn sonst tagelang kalt läßt. Oder er stellt zum dritten Mal in zwei Minuten die Funktion seines Kugelschreibers sicher. Das sind äußerliche Fluchten, wenn eine räumliche Flucht verbaut ist.

Die innere Flucht wird sichtbar, wenn der freundliche Blick einer Frau mit einem solchen Kommentar erwidert wird:

»Welche Fragen haben wir zu klären? Ich bin etwas in Zeitdruck.« Ein verkrampft zum Lächeln verzogener Mund begleitet die kurze, in Millisekunden zu messende Erwiderung des Blickkontaktes. Wohlgemerkt, das sind nicht die Reaktionen von verliebten oder faszinierten Männern, die sich nicht offenbaren wollen. Das sind Reaktionen von Männern, die vor der Stärke flüchten, die ihnen in diesem Blick hochkonzentriert entgegenstrahlt. Frauen, die in bestimmten Situationen Zweifel haben, ob sie stärker sind oder von einem Mann als stärker eingeschätzt werden, empfehle ich sogar diesen »Augentest«. Sehen Sie Ihren Kandidaten lange (mindestens drei Sekunden) an. Hält er dem Blick für diese Zeit nicht stand, hat er auf irgendeine Weise Angst vor Ihnen.
Was fürchtet ein Mann, der dem Blick einer Frau nicht standhalten kann? Im Kern kreist seine Sorge darum, enttarnt zu werden. Im Kern vermutet ein solcher Mensch, sein Gegenüber könnte in die Tiefe seiner Seele schauen und das kleine ängstliche Selbstbild erkennen, das diesen Menschen zwingt, sein Inneres zu verstecken. Ein solcher Mann bangt, seine Fassade könne zerbrechen. Nicht nur diese Frau, sondern alle anderen könnten ihn genauso enttarnen. Er sieht sich gestellt und erwartet die Zerstörung. Dazu kommt die Furcht, von jemandem, der so in ihn hineinsehen kann, abhängig zu werden. Er fürchtet, benutzt, also Opfer zu werden. Er erfüllt willfährig die Wünsche der ihn scheinbar Durchschauenden oder stemmt sich mit aller Gewalt gegen sie, alles mit dem Hintergedanken, einer Enttarnung zuvorzukommen. Ganz besonders schreckt Männer, die dem Blick einer Frau nicht standhalten können, die Erwartung, lächerlich gemacht zu werden. Absolut unwirkliche Szenarien entspringen den Phantasien solcher vermeintlich gestellter Männer. Sie fürchten sich vor der Frage: »Warum können Sie mir nicht in die Augen sehen?« Sie hätten keine vernünftige Antwort darauf. Wäre die Frage freundlich oder gar besorgt gestellt, würden sie stottern und gänzlich die Fassung verlieren.

Das Dilemma der Männer

Männer suchen Geborgenheit. Dieser Wunsch ist ihnen selten bewußt. Dennoch haben sich viele Männer ihre Nischen geschaffen. Diese Nischen können von Mann zu Mann sehr verschieden sein. Für einen Außenstehenden ist die Verbindung zu Obhut und Versorgung oft nur schwer nachzuvollziehen. Aber für einen Mann ist es ein kleiner Lichtblick in der oft düsteren Männerwelt. Zu Beginn des Kapitels wurden die Ersatzlösungen für Geborgenheit schon angesprochen. Das System der kleinen Gesten und Symbole für versorgt und bemuttert werden. Es sind kleine, unmerkliche Hinweise für Obhut und Geborgenheit.

Für einen alleinlebenden Mann, ohne feste Partnerin, kann seine Suche nach Gefühlen von Geborgenheit noch schwieriger sein. Oft ist die Kneipe der einzige Ort, an dem er seine Wünsche nach Geborgenheit in winzigen Portionen befriedigen kann. Er zieht Gefühle von Geborgenheit aus einer gemeinsamen sportlichen Aktivität oder einer spannungsarmen Unterhaltung über berufliche Fragen, aber es bleibt bei den kleinen Portionen.

Frauen erleben ihre Wünsche nach Geborgenheit wesentlich klarer. Und ihre Chancen, sich Geborgenheit zu holen, sind ungemein größer. Die Rollenklischees bieten ihnen eine Fülle von Möglichkeiten, sich bei Männern oder Frauen anzulehnen. Diese Art der Anlehnung ist akzeptiert. Für eine Frau ist es leichter sich fallen zu lassen, Schutz zu suchen, schwach zu sein. Eine Frau kann sich ohne schlechtes Gewissen klein, anlehnungsbedürftig, hilflos, überfordert oder trauernd zeigen, ohne einen Rollenbruch oder eine Diskriminierung zu befürchten. »Ein Mann macht das nicht« schwingt mit, sobald Männer ähnliche Wünsche andeuten. Den Satz »Eine Frau macht das nicht« braucht eine anlehnungsbedürftige Frau selten zu fürchten.

Ganz so sonnig, wie ich es jetzt darstelle, ist diese Ebene für

Frauen zwar nicht immer, doch im Vergleich zu Männern ist es Frauen weitaus häufiger und in einer viel größeren Breite von Situationen gestattet, Obhut, Fürsorge und Schutz zu verlangen. Eine tragische Differenz zwischen den Geschlechtern. Männer wissen zwar, daß sie nicht rund um die Uhr stark sein können, doch ihre Möglichkeiten sich fallenzulassen, wirklich aufzutanken, sind arg begrenzt. Leider wird einem Jungen das weibliche Muster schon versperrt, wenn er noch gar nicht gemerkt hat, daß Männer anders mit Anlehnungsbedürfnissen umgehen. So wie die Mutter – weiblich – durfte er nicht sein. Der kleine Junge, der Mutters hohe Schuhe tragen will oder gar ihren BH, hat es deutlich zu spüren bekommen. Identifikation mit Weiblichem wird erst äußerlich und dann innerlich rigide blockiert.

Was bleibt? Jungen sehnen sich nach der mütterlichen Geborgenheit und haben auf der anderen Seite Angst, »der Frau« zu nahe zu kommen. Sie sind angezogen und abgestoßen zugleich. Eine Lebensfalle schnappt zu. Alles, was weiblich ist, also auch Anlehnungsbedürfnis und tiefe Vertrautheit, wird automatisch zu unmännlich.

Doch zu seinem Glück(?) steht der Junge nicht ohne Rollenmodell da. Alle haben ihm beigebracht, Isolation und Zurückweisung zu ertragen. Die Rolle der männlichen Vorbilder ist dabei zwiespältig. Der Junge sieht in aller Regel nur die äußere männliche Fassade, hinter die er selten schauen kann. Im Jungen entsteht der Eindruck, erwachsene Männer hätten es geschafft, sie wären die inneren Sehnsüchte nach Zärtlichkeit und Schutz irgendwie losgeworden, genauso wie die Angst vor dem Versagen. Die verborgenen wehmütigen Gefühle kann der Junge höchstens unterschwellig aufnehmen, so lernt er, seine Sehnsüchte ebenfalls zu verstecken.

Intuition

Männer beneiden Frauen um ihr Einfühlungsvermögen. Zumindest im stillen. Sie betrachten Intuition gern als übersinnliche Fähigkeit, doch davon ist sie weit entfernt. Einfühlung ist keine mystische Kraft, die auf verschlungenen Wegen Frauen erreicht und Männer meidet. Einfühlung ist eine erlernte Fähigkeit, die eher kulturell als biologisch oder mystisch determiniert ist.

Wer keine körperlichen Möglichkeiten zur Durchsetzung seiner Wünsche besitzt, sucht andere Wege, muß andere Möglichkeiten finden, eigene Ziele zu erreichen. Einfühlung ist das Synonym für eine komplexe soziale Wahrnehmung. Stimmungen anderer nehmen wir wahr, weil sich zum Beispiel ein Gesichtsausdruck verändert hat. Ob ein Gegenüber uns die Wahrheit sagt oder uns belügt, verrät uns sein Äußeres. Wer bereit ist, sich in einen anderen hineinzuversetzen, wer sich einfühlt in verschiedene Menschen und Stimmungen, hat Lenkungsmöglichkeiten außerhalb der Macht- oder Gewaltebene. Wer nur die Worte hören kann, alles Gesagte für bare Münze nimmt, wer lediglich die Logik eines Satzes erfaßt, wer allein für diesen Kanal der Mitteilung offene Ohren hat, der bleibt unempfindlich für alle feinsinnigen Botschaften. Ihm entgehen die entscheidenden Nuancen der Stimmlage, der Mimik, der Gestik. Zum einen ist ein Mann oft irritiert durch Gefühle – er will sie ja auch bei sich selbst nicht wahrnehmen –, zum anderen enthält das genaue Wahrnehmen eines Gegenübers auch eine Unterwerfung. Genaues Hinschauen, sich Einfühlen, übersteigt die Bereitschaft zu Anpassung. Die männliche Erwartung geht in die entgegengesetzte Richtung, der andere muß sich mir anpassen.

Doch Einfühlung und Intuition reichen weit über die Wahrnehmung eines Gegenübers hinaus. Frauen gestatten sich, auch in anderen Bereichen intuitiv zu sein. Männer hingegen beharren darauf, allein mit Logik ließe sich das Leben meistern. Sie fordern von sich und anderen das sukzessive, deduktive, logische Angehen aller Aufgaben und Fragen. Frauen wählen bei schwierigen Aufgaben häufiger eine komplexe, viele Faktoren umschließende Betrachtung. Ohne jede Komponente einzeln aufzuschlüsseln, vertrauen sie darauf, auch solches Wissen zu verarbeiten, das sie unterschwellig aufgenommen haben. Diese belächelte, abgewertete, kritisierte und ebensooft geneidete Form von Wahrnehmung zur Entscheidungsfindung benutzen Männer natürlich auch, doch sie leugnen es vehement.

Vieles tun wir intuitiv. Die meisten Autofahrer kennen diese Szene: Während einer Fahrt zucken wir plötzlich zusammen und erkennen, daß wir die letzten Kilometer, ohne bewußt zu reagieren, gefahren sind. Nichts Gefährliches ist geschehen. Auch das ist Intuition.

Sympathien oder Antipathien verlaufen nach einem ähnlichen, selten wirklich zu durchschauenden Muster. Weshalb wir den einen mögen und den anderen meiden, eine befriedigende Antwort oder Erklärung gibt es nicht. Im Gegensatz zu Männern gestatten sich Frauen solche Handlungsweisen viel eher. Sie entscheiden wesentlich selbstverständlicher als ein Mann nach ihrem Gefühl. Dem Mann steht sein *warum* im Weg. Hat er keine ausreichende logische Erklärung, fällt es ihm schwer, etwas zu glauben. Frauen vertrauen eher ihrem »Bauch«.

Und Frauen entwickeln auf dem Hintergrund ihrer emotionalen Feinfühligkeit ein effizientes Beeinflussungsschema. Frauen finden oft traumwandlerisch sicher den richtigen Tonfall, einem anderen einen Wunsch zu übermitteln. Und sie haben eine weitaus größere Palette von Möglichkeiten, feinnervigen Druck anzusetzen. Fast unhörbar beginnt ihre Tonleiter von unterschwellig kritischen, ärgerlichen oder vorwurfsvollen Nebentönen. Ein scheinbar ganz normaler Satz wird gewoben, um den weniger sensiblen Mann zu umgarnen, einzufangen oder unter seelischen Druck zu setzen.

Die Tonleiter endet mit schriller Verärgerung oder scharfzüngiger Bosheit, die allein deshalb tief treffen, weil der gewalttätige Anteil fehlt. ER bleibt hilflos, weil er keine adäquate Erwiderung besitzt, denn Losschlagen oder Drohen würde ihn – auch in seinen eigenen Augen – unmöglich machen.

In einer gewaltärmeren Kommunikation wird Machtlosigkeit zum Vorteil. Eine lange Geschichte hat Frauen ihre gewaltfreien Einflußchancen ausloten und entwickeln lassen. Jetzt, in einer Gesellschaft, die Gewalt stärker verurteilt, sind diese Techniken von allgemeinerer Bedeutung. Half die weibliche Einfühlung vor hundert Jahren, einen störrischen Mann überhaupt zu etwas zu bewegen, so ist sie heute nützlich, eigenen Einfluß – ohne Gesichtsverlust für einen Gegenspieler – geltend zu machen.

Auch das Verhältnis zur Arbeitswelt hat für eine größere Zahl von Frauen, im Vergleich mit Männern, einen leicht verschobenen Akzent: »Frauen dürfen, Männer müssen arbeiten.« Sie fühlen sich dem Erfolgsdruck weniger ausgeliefert. Für Frauen gibt es selten eine Erziehung, die sie unausweichlich in den Karrierekarren einspannt. Frauen steigen meist später in Karrieren ein, betreiben sie weniger verbissen und achten häufiger darauf, die eigenen Kräfte schonend und wirkungsvoll einzusetzen.

5
Der große Graben
Sie konnten zusammen nicht kommen, seine Angst war einfach zu groß

In den Beziehungen, die Männer zu Frauen aufgebaut haben, spielt Angst oft eine unerkannte Hauptrolle. Frauen tun gut daran, diese Ängste der Männer einzukalkulieren. Viele Krisen zwischen den Geschlechtern würden entschärft, hielten Frauen und Männer die Ängste der Männer für viel ausgeprägter, als sie es sich im Moment vorstellen können. Beziehungsprobleme würden kleiner, glaubten die Frauen stärker an ihre eigene Kraft und die Männer mehr an ihre eigenen Unsicherheiten.

Männer fürchten in Beziehungen:
- abgewiesen zu werden
- abhängig zu sein
- nicht gebraucht zu werden
- verlassen oder erniedrigt zu werden
- unterlegen zu sein
- überfordert zu werden

Sie haben Angst vor
- Sexualität
- Offenheit
- Nähe
- Glück

Diese pointierte Aufzählung erscheint vielen vielleicht überzogen, denn wir wollen, aus den vielfältigsten Gründen heraus, nicht glauben, daß Männer so weit entfernt sein sollen von unseren heutigen Vorstellungen über ihre Stärke. – Den ersten Astronomen bedrohte kirchlicher Bann, als er behauptete, unsere Welt sei eine Kugel, nicht die Scheibe, als die sie Jahrtausende gesehen wurde. Zu unvorstellbar war diese Weltsicht für die damalige Zeit. Eine vergleichbare Revolution steht der Männerwelt bevor, die auf einen großen Teil ihres selbstgefälligen Portraits wird verzichten müssen. Männer haben ihren Hochmut auf einen kleinen Vorsprung an Körperkraft gegründet, der sie den Frauen auf allen Gebieten überlegen machen sollte. Heimlich geistert dieser Vorsprung noch durch viele Männerköpfe.

Worin die männlichen Ängste genau bestehen, werde ich jetzt erläutern.

Mancher Mann hofft im stillen, in einer Beziehung würden seine Ängste vor Frauen (oder deren Stärke) langsam abgebaut. Nicht allen Männern ist ihre Furcht vor Frauen bewußt, dennoch fließt in jede Eheschließung der Wunsch ein, jetzt endlich aus den Schwierigkeiten mit der Frauenwelt entlassen zu werden. In einigen Fällen ist die Hoffnung berechtigt, in der Mehrzahl bleibt es beim Wunsch, denn größtenteils bleiben die Ressentiments und die männliche Scheu erhalten. Oder was häufig geschieht, nach einer meist kurzen Zeit der Hoffnung erkennen viele Männer ernüchtert: »Mit der Heirat (oder dem Zusammenleben) hat sich an meinen grundsätzlichen Schwierigkeiten mit Frauen wenig verändert.« Gelegentlich heißt es auch: »Mit meiner eigenen Frau werde ich noch fertig, aber andere Frauen machen mir Probleme.«

Oft fühlen Männer sich deutlich sicherer im Umgang mit Frauen, wenn sie in festen Händen sind. Die Suche nach der Passenden war erfolgreich, die eigene Sorge, allein und unversorgt zu bleiben, ist zu Ende. Das Gegenstück ist gefunden, der Mann gesellschaftlich akzeptiert. Innerlich lehnt er sich zurück und sieht Frauen als Menschen, »die ihm nicht mehr gefährlich werden können«. Mit dieser sicheren Distanz geht es vielen Männern anscheinend besser. Sie halten fremde Frauen, aber auch oft die eigene, innerlich auf Abstand und glauben, ihrer Angst vor ihnen ein Schnippchen geschlagen zu haben.

Doch spätestens dann, wenn eine Beziehung zu Ende geht, leben die alten Unsicherheiten und Ängste wieder auf. Nichts hat sich wirklich verändert, das Zusammenleben mit einer Frau hat die männlichen Ängste kaum behoben.

Dieter, Techniker, 32 Jahre, schilderte mir seine Niedergeschlagenheit. Caroline (seine Freundin, mit der er zusammenlebte) hatte ihm den Laufpaß gegeben: »Jetzt ist alles aus!« Vor noch nicht einmal zwei Wochen hatte er über sie hergezogen, sie sei eine dumme Pute und zu nichts zu gebrauchen. Jetzt schien er hilflos und erkannte widerwillig, was geschehen war: Er konnte sein Leben kaum selbst organisieren. Er war abhängig von ihrer Unterstützung, ihrer Aufmunterung und ihrer Geduld.

Dieter erkannte plötzlich, wie sehr er die Frau an seiner Seite gebraucht hatte, welche Stabilität sie in sein Leben gebracht hatte. Und er spürte, welche Angst ihn schon vorher umtrieb, verlassen zu werden. Solange Caroline für ihn da war, konnte er diese Angst leugnen. Er versteckte sie hinter markigen Sprüchen, Überheblichkeit und Kälte. »Jetzt steh' ich ganz belämmert da.« Er wußte unterschwellig schon, daß die Trennung bevorstand, aber Dieter blieb sich treu: »Mann bleibt Mann«. Lieber hätte er sich einen Finger abgebissen, als Caroline zu gestehen, wieviel Hilfe und Unterstützung er von ihr erhalten hatte, und wie dringend er sie brauchte.

Männer, die sich gern in das Gewand unbeugsamer Männlichkeit hüllen, zeigen – auch wenn sie verlassen werden – selten Einsicht. Das sind sie ihrem Image schuldig. Nur die plötzliche Unruhe, die spürbare Spannung und die deutlich größere Reizbarkeit lassen ihr Unglück vermuten. Auf die männliche Art versteht sich, nur keine Schwäche zeigen. Auch plötzlich hereinbrechende Geschäftigkeit, das unstillbare Verlangen, jeden Abend unterwegs zu sein, die vehement vorgetragene Behauptung, »jetzt geht es mir viel besser«, lädt ein, zu zweifeln, ob der starke Mann diesen Tiefschlag so ohne weiteres verkraften wird.

Es bleibt die Frage: Was lernen Männer aus Trennungen? Und die Antwort ist deprimierend. Sie lernen selten daraus. Die männlichen Mechanismen der Verdrängung, der eigenen schmerzlichen Empfindungen setzt Signale in die falsche Richtung. Sie spüren Wut, Enttäuschung und beschimpfen die Ehemalige. Das ist kein gutes Klima für Rückbesinnung. Selbst die Frage »Was hab ich falsch gemacht?« dient nur wenigen Männern zu einer wirklichen Analyse ihres eigenen Anteils am Scheitern einer Beziehung. Häufig bleiben sie in Äußerlichkeiten stecken. Sie wollen sich um eine neue Partnerin mehr kümmern, aufmerksamer sein. Ihre eigene Scheu, sich ganz in eine Beziehung einzubringen, oder ihren unhaltbaren Machtanspruch decken sie selten auf.

Beziehungen gehen auf verschiedene Weise zu Ende. Auch Männer scheren aus einer Beziehung aus. Und bei einer großen Zahl von Trennungen geht es wahrscheinlich beiden besser. Der Druck, die Spannungen und das Sich-aneinandergefesselt-fühlen lassen nach. Vieles ist schiefgelaufen, wenn es zum Schlußstrich kommt. Beginnen wir deshalb unsere Auseinandersetzung mit den Schwierigkeiten der Geschlechter am Anfang einer Verbindung.

Wie schwierig es schon für die Jungen und Mädchen in der Pubertät ist, sich ohne Vorbehalte kennenzulernen, habe ich angesprochen. Dennoch stellt sich bei den meisten Jugendlichen irgendwann der Augenblick ein, in dem sie spüren, daß sie eine Verbindung aufgebaut haben. Vieles, was in diesen frühen Beziehungen geschieht, übt die spätere Rolle als Ehemann und Ehefrau schon ein. Mit den typischen Schwierigkeiten kämpfen schon die Jugendlichen: Den Jungen fällt es meist schwerer, sich zu öffnen. Allein das Eingeständnis verliebt zu sein, kostet sie große Überwindung. Über ihre Empfindungen können sie schlechter sprechen, zusammen träumen und romantische Stimmungen sind nicht ihre starken Seiten. Gemäß dem männlichen Motto »Was innen geschieht, geht niemanden etwas an«, suchen sie Fluchtwege. Und die bieten sich reichlich an. Die jungen Männer verwandeln Spannung und Unvermögen in sexuelle Aktivität. Sie möchten alles mit Sexualität überspielen. Und sie lernen: »Wer bestimmt, kann seine schwachen Seiten leichter kaschieren.« Auch wenn Jungen nicht genau wissen, was sie mit dem Mädchen anfangen sollen, »Aktion« bleibt das männliche Zaubermittel, innere Stolpersteine im großen Sprung hinter sich zu lassen.

Ganz andere Hindernisse bestimmen die Mädchen. Sie wünschen sich meist eine zärtliche Annäherung, ihre sexuellen Wünsche sind vielschichtiger. Sie können ihre Ängste besser annehmen, für sie ist es selbstverständlich, diesen neuen Bereich langsam zu erforschen. Mädchen hat niemand darauf geeicht, schnelle Erfolge zu suchen. Sie lieben lange Gespräche über ihre Zukunft und die Beziehung. Sie wollen vieles über ihren Freund wissen. Zum Beispiel wie er sich fühlt in alltäglichen und in außergewöhnlichen Szenen. Was ihn beschäftigt, was ihn bekümmert, was ihn freut, wann er Angst hat und wann er an sich zweifelt. Und sie wollen eine möglichst große Übereinstimmung herstellen zwischen sich und dem Freund. Sie können die eigene Unsicherheit annehmen, wählen langsamere Gangarten und betrachten Umwege nicht als Defizit. Im Kern sind sie ehrlicher und mit den eigenen Gefühlen stärker verbunden, das ist Stärke.

Der Unterschied ist bedeutsam, und er muß betont werden, denn unsere sozialen Normen spiegeln in vielen Bereichen männliches Denken wider. Es ist nicht selbstverständlich, daß ein weiblicher Weg gleich gut oder gar besser bewertet wird als ein männlicher: etwas Leichtes, etwas Spielerisches, etwas Sanftes, diese Begriffe besitzen einen »weibischen« Beigeschmack.

Nur allmählich ahnen Jungen, daß sie mit Mädchen eine andere Qualität von Beziehung aufbauen können als mit ihren Freunden. Sie erleben, daß sie mehr Vertrauen haben können und ihnen mehr Vertrauen entgegengebracht wird. Sie ahnen, daß sie mit dem Mehr an Nähe etwas wiederfinden, von dem sie fürchteten, es verloren zu haben. Doch all dies Neue setzt die männlichen Lebensmuster nicht völlig außer Kraft. Und die Jungen wissen bald, daß sie sich diese neue Welt meist nur heimlich gönnen können, denn untereinander, in der Jungenwelt, bleiben solche Erfahrungen verpönt. Es gibt eine eindeutige Trennungslinie zwischen »Gefühlswelt gleich Frauenwelt« und »Leistungswelt gleich Männerwelt« – das eine hat mit dem anderen nichts zu tun. Und Frauen schlagen ungewollt mit in diese Kerbe, wenn sie sanfte und gefühlvolle Männer zu Softies erklären, an denen sie wenig Interesse haben.

Für Jungen entstehen neue, angenehme Lebensimpulse durch die Beziehung zum anderen Geschlecht. Doch sie bleiben nur kurze Zeit verschont von der eigenen Rollenerwartung, Krisen markieren den Beginn der endgültigen männlichen Differenzierung. Das neue Erleben findet keine wirkliche soziale Anerkennung. Schmerzhaft wie kein weiteres Erlebnis steht das Ende der ersten großen Liebe bevor. Trennungsqualen suchen den jungen Mann heim, genauso wie die junge Frau. Doch die Differenzierung der Lebensmuster ist weit gediehen. Darf ein Mädchen in Liebeskummer aufgehen, kollidiert der erste Trennungsschmerz des Jünglings mit dem männlichen Anspruch, stabil und unabhängig zu sein und Gefühle wegzustecken. Was es für einen jungen Burschen heißt, diese Feuerprobe zu bestehen, ist selbst für Frauen schwer nachzuvollziehen: Die Jungen fühlen sich innerlich zerrissen und verletzt, und dennoch darf kein Zeichen solcher Qual sichtbar werden. Die männliche Form der stillen Verzweiflung wird hier endgültig begründet, geübt und zementiert.

Der Rückzug ins männliche Schneckenhaus hat begonnen.

Vorsicht Frau! heißt die neue Parole. Frauen verehrt, begehrt und gefürchtet, sind die Quellen wunderschöner Erlebnisse und tiefer Enttäuschung. Sie machen glücklich, süchtig und abhängig. Das Weibliche wird zwiespältig. Eine Frau kann eine »unendliche Menge Genuß und Wonne« in das Leben eines Mannes bringen, aber allein die Drohung, daß sie es auch wieder nehmen kann, läßt den Mann, sobald es unberechenbar wird, hinter seine Maske zurückkehren. Eine hilflose Reaktion.

Patriarchalische Regeln und gesellschaftliche Normen haben Männer über mehrere Jahrtausende in ihrer Einschätzung bestärkt, »(m)eine Frau ist ein Teil meines Besitzes«. Zweihundert Jahre nach der Französischen Revolution ist dieser Besitzanspruch erloschen. Frauen sind in ihrer Unabhängigkeit den Männern (fast) gleichgestellt. Damit besitzen Frauen eine neue Handlungsfreiheit. Sie begann bei der Liebesheirat, einer Erfindung des letzten Jahrhunderts, freier Partnerwahl und setzt sich fort mit der Erleichterung einer Scheidung und der gesellschaftlichen Akzeptanz der alleinlebenden Frau. Frauen können damit heute eher ein eigenständiges *und* anerkanntes Leben führen. Das ist neu – auch für Männer. Diese neue soziale Wirklichkeit löst Aggression und Angst aus.

Doch die Beunruhigung der Männer sitzt tiefer. Schon beim ersten großen Beziehungsschmerz ahnen sie, daß vieles, was mit Frauen zu tun hat, abweicht von dem, was sie erträumt haben. »Frauen sind anders.« Diese melancholisch trotzige und zugleich sehnsüchtige und neidvolle Erkenntnis schürt die Ängste der Männer vor dem anderen Geschlecht. Doch sie entwickeln männlich konsequent Abwehrstrategien, anstatt ihre Grundannahmen zu überprüfen. Und sie verstricken sich unentrinnbar in eine lange Liste von Ängsten.

Die Angst der Männer vor Zurückweisung

Die Angst der Männer vor der Stärke der Frau wird virulent im Schnittpunkt von Beziehungen; wenn zwei Menschen sich kennenlernen – oder entscheiden, eine Gemeinschaft zu beenden.

Kennenlernen ist mehr als der Austausch formaler Floskeln über Beruf, Geburtsort, Hobbys und Interessen oder die Lebensgeschichte der Eltern. Kennenlernen, das ist eine großflächige Verzahnung zweier Wesen, die einander ergründen wollen. Männer und Frauen sind heute neugieriger aufeinander als vor 20 oder 30 Jahren. Und besonders Frauen wollen vieles wissen über den Mann, während sie ihm näherkommen. Das hat Auswirkungen. Ein Mann muß sich heute zeigen, wenn er eine Frau gewinnen will. Er muß etwas von seinem Inneren preisgeben. Es reicht kaum noch, einen guten Beruf zu haben oder ein schickes Auto. Selbst junge Frauen wollen heute sehr genau wissen, wie ihr Partner fühlt, wie empfindsam er ist und wie verletzlich. Sie wollen seine Vorstellungen über Kindererziehung erfahren, seine Meinung zu Berufstätigkeit von Frauen und sicher auch seine Bereitschaft, Hausarbeit zu teilen, erkennen. Die alte Frage: »Was fühlst du jetzt?« wurde früher mit »deine Wärme« oder »deine Liebe« oder »das weißt du doch« ausreichend beantwortet, heute wollen Frauen entschieden klarere Antworten auf diese Frage haben. Sie wollen wissen, was in ihrem Partner vor sich geht. Diesen Test kann ER nur bestehen, wenn er sein Visier weit öffnet; wenn er der Partnerin Einblick gewährt in sein Seelenleben und seine Empfindungen. Dem Mann tut diese Öffnung auf der einen Seite gut, auf der anderen Seite erschreckt sie ihn aber maßlos. Etwas über sich loszuwerden, das freut ihn. Aber sein Innenleben preisgeben, das steht in direktem Gegensatz zu seinem männlichen Selbstverständnis.

Ein Dilemma. Es wird verschärft durch das Wissen: Rück-

haltlose Offenbarung macht verletzlich und bietet Angriffsfläche. Denn ein Mann liefert damit möglicherweise selbst den Ansatz für Kritik. Kritik, für die er anfangs besonders empfänglich ist, weil sie ihm einen Spiegel vorhält. Dann aber droht die Krise, denn dann ist er mit seinen eigenen Argumenten gegen sein Handeln oder Denken konfrontiert. Solche Kritik bohrt sich viel tiefer in seine Seele, als »flache Ungereimtheiten«, zu denen ein Mann jeden Anwurf biegen kann, der von jemandem kommt, der ihn nicht wirklich kennt. Und die Bedrohung kann noch weiter wachsen, die Gefahr, mit eigenen Argumenten schließlich sogar abgewiesen zu werden, steigt, je größer die Bereitschaft wird, sich zu öffnen.
Ein hoher Preis, wenn jede Abweisung als Niederlage, sogar als persönliche Kränkung verstanden wird. Sie wird verschlimmert durch einen Anspruch, »sich von niemandem abhängig zu machen«. Doch diesen Anspruch durchkreuzt eine Abfuhr, denn gerade *die* Frau ist wichtig, die ihn zurückweist.

Die Angst der Männer vor Abhängigkeit

Wirklich unabhängig existieren kann niemand. Auch der einsamste Eremit nicht. Auch er ist in einem gewissen Maß auf Unterstützung angewiesen. Dennoch spukt das Lob der Unabhängigkeit durch unsere Köpfe. Wir wollen unabhängig sein von fremden Meinungen und Einflüssen, unabhängig in unserem Urteil, unabhängig in unserem Leben. Und Männer wollen unabhängig sein von Frauen, oder genauer, sie fürchten von *einer* Frau abhängig zu sein. Sie quält der Gedanke, einer Frau zu verfallen, ihr hörig zu sein. Sie fürchten, in *ihrem* Einflußbereich keinen eigenen Willen mehr zu haben und auf das Wohlwollen der Angebeteten angewiesen zu sein, zum Spielball ihrer Launen zu werden.

Solche extremen Abhängigkeiten gibt es, doch die Regel sind sie sicher nicht. Häufig spiegelt sich in der männlichen Furcht vor der Abhängigkeit ein weiteres Bild, das Männer ängstigt, das Bild ihrer Schwäche. Sie verabscheuen emotionale Situationen, in denen ihnen etwas schwerfällt oder die Rührung hervorrufen. Sie verurteilen ihre Handlungsunfähigkeit, ihre Trauer oder ihre Verzweiflung und verhindern damit ihre seelische Entlastung.

Männer verschleiern ihre Furcht vor Abhängigkeit häufig so effektiv, daß Frauen sie nicht erkennen. Würden Sie glauben, daß hinter dem Satz »Du brauchst heute nicht mit dem Essen auf mich zu warten« auch eine gehörige Portion Angst vor Abhängigkeit stecken kann? Ein Mann kann es oft schlecht annehmen, wenn etwas für *ihn* getan wird. Würde seine Frau auf ihn warten, würde sie etwas für ihn tun. Er würde sich abhängig fühlen, weil er etwas geschenkt bekäme, für das er glaubt, sich revanchieren zu müssen. Irgendwo versteckt in seinem Inneren wünscht er sich Liebesbeweise, aber sie sind ihm unheimlich. Ein unerwartetes Geschenk – einfach annehmen, sich darüber freuen, ohne gleich an die erwartete, geforderte oder notwendige Gegenleistung zu denken, das ist für einen Mann äußerst schwer. Haben Sie Zweifel an dieser Darstellung, machen Sie die Probe aufs Exempel. Schenken Sie einem Mann, den Sie mögen, eine Kleinigkeit ohne lange Begründung. Seien Sie gespannt, was passiert.

Lassen Sie sich von seltenen Ausnahmen, die es auch gibt, nicht täuschen. Sicher gibt es Männer, die Geschenke selbstverständlich finden, sie sogar fordern, doch diese Haltung ist seltener, als Frauen glauben.

Ein kurzes Beispiel für die Angst vor Abhängigkeit soll verdeutlichen, wie verworren die männliche Seele oft reagiert.

Frauen mit kleinen Kindern spüren häufiger, daß ihre Männer auf das Kind eifersüchtig sind. »Du kümmerst dich nicht genug um mich, das Baby ist dir wichtiger.« So oder ähnlich klingt es; viele junge Mütter haben es erlebt. Hier fürchtet der

Mann, vom Thron gestoßen zu werden, hier fürchtet er, die Gunst seiner Partnerin zu verlieren. Er buhlt mit einem Kleinkind um die Liebe der Frau. Er fühlt sich so abhängig, daß er in Konkurrenz mit einem wenige Monate alten Würmchen tritt. Welche Ironie, denn Frauen fühlen sich in dieser Zeit, wenn die Kinder noch sehr klein sind, dem Partner oft sehr verbunden. Für Frauen ist es schwer zu glauben, aber diese Männer haben Angst, verlassen zu werden, so widersinnig diese Idee auch klingen mag.

Männer verkennen häufig die Stärke ihrer Abhängigkeiten von Beziehungen. Sie schöpfen Kraft für ihre Arbeit, Selbstsicherheit und Selbstvertrauen aus der Zuneigung, die ihre Partnerin ihnen entgegenbringt. Trotzdem ordnen sie ihre Selbstsicherheit den eigenen Leistungen zu. Kraft schöpfen sie scheinbar aus sich heraus, und ihr Selbstvertrauen ist eherner Besitz und allein das Produkt ihrer seelischen Stärke. Bis zu dem Tag, an dem eine Partnerin ausschert, bis zu dem Tag, an dem ER vor einem leergeräumten Kleiderschrank steht oder am Küchentisch erfährt, daß sie die Nase voll hat. Dann ist die Stabilität plötzlich verschwunden.

Die Angst, nicht gebraucht zu werden

Die meisten Männer zweifeln daran, daß sie wirklich geliebt werden. Sie haben im Verborgenen eine Theorie aufgestellt, weshalb ihre Frau gerade sie erwählt hat, doch selten betrachten sie ihre menschlichen Qualitäten als ausschlaggebend für die Wahl. Männer glauben: »Da war gerade kein anderer da!« – »Das hat sich so ergeben.« Es fällt jedem schwer, die eigenen Vorzüge zu erkennen, doch fragt man einen Mann, ob er geliebt wird, stürzt ihn diese Nachfrage in Nachdenken. Er ist in seinem tiefsten Inneren nicht überzeugt von seinem Wert. Weshalb sollte ihn ein anderer Mensch schätzen oder lieben?

Da ist es den meisten Männern schon lieber, konkreter zu wissen, daß sie gebraucht werden. Gebraucht als Ernährer, als Schutz, als Handwerker oder für die Lust. Diese klaren Verhältnisse erlauben dem Mann eine ruhigere Weltsicht. Wird er gebraucht, ist die Welt für ihn in Ordnung. Damit ist er zufrieden. Größere Höhenflüge würden ihn schwindlig und unsicher machen, er bleibt lieber auf dem Boden des Eindeutigen.

Beginnt eine Frau jedoch, ohne seine Hilfe die Winterreifen zu montieren, wird mancher Mann ernsthaft verunsichert: »Du wirst dir weh tun.« – »Du kannst die Radmuttern nicht richtig anziehen.« – »Der Wagen wird dir vom Wagenheber rollen.« All das sind Synonyme für einen einzigen Satz: »Ohne mich darfst du es nicht schaffen!« Für den Mann steht mehr auf dem Spiel als die Gefahr, vom Sockel des alleinigen Autoreparateurs gestoßen zu werden. Für ihn droht ein erster Stein den nächsten ins Rollen zu bringen: »Braucht sie mich nicht mehr beim Auto, wird sie mich bald überhaupt nicht mehr brauchen.« Ein Steinchen weiblicher Emanzipation in das Wasser maskuliner Domänen geworfen, zieht weite Kreise in den Empfindungen der Männer. Für Männer ist die Vorstellung, nicht mehr gebraucht zu werden, eine reale Bedrohung. Frauen hören bei den genannten Kommentaren von Männern oft nur die Überheblichkeit, doch viel häufiger als Frauen erwarten, sitzt den Männern auch die Angst im Nakken, unnütz zu werden, und das heißt für sie: »Der Mohr kann gehen, der Mohr hat seine Schuldigkeit getan.« Sie bezweifeln den Sinn oder das Fortdauern ihrer Beziehung, wenn ihre Frau beginnt, das Auto zu reparieren, so absurd es klingen mag.

Radmontage ist ein recht harmloses Beispiel, männliche Panik kann ausbrechen, wenn eine Frau sich wirtschaftlich unabhängig macht, getrennte Schlafzimmer haben will, allein in den Urlaub fährt oder auf einem eigenen Wagen besteht.

Die Angst, verlassen zu werden

Männer stehen manche Qualen durch, von denen Frauen nichts ahnen. Der Macho alter Schule verließ mit seiner Partnerin verärgert ein Fest, wenn er fürchtete, sie hätte zu lange oder zu intensiv mit einem anderen Mann geflirtet. Da war er rigoros. Für sie war es ein harmloser Flirt, doch Schimpftiraden oder Schlimmeres mußte SIE über sich ergehen lassen. Diese Muster sind weitgehend passé, doch die Befürchtungen der Männer haben sich kaum verändert. Auch wenn Machos langsam aussterben. Doch lacht eine geliebte Partnerin offen und lange in die Augen eines anderen Mannes, trifft es den Partner wie ein Stich ins Herz, auch heute. Gleichgültig welchen liberalen Mantel er sich überwerfen will, egal wie heldenhaft er jede Eifersucht bestreitet. Er muß mit seiner Furcht, verlassen zu werden, ringen – jedesmal. Frauen erleben ähnliche Gefühle, meist fällt es ihnen aber erheblich leichter, sie einzugestehen. Sie reden darüber.

Mancher Mann spürt die Angst, verlassen zu werden, wenn seine Frau eine Stunde nach der angekündigten Zeit von einem Stadtbummel heimkommt. Er denkt schneller an einen Nebenbuhler als an einen Unfall. Der neue Lippenstift, das neue Make-up, ein kürzerer Rock, ein tieferer Ausschnitt, vieles kann einen Mann in Panik treiben. Die meisten Männer fühlen sich ihrer Frau nicht sicher. Ein Computerspezialist erklärte mir allen Ernstes, nachdem er seine Frau samt Kindern in die tiefste Provinz verpflanzt hatte, sie wäre jetzt weniger der Verführung ausgesetzt, ihn zu verlassen. Er hoffte, seine lebenslustige Frau »besser unter Kontrolle« zu bringen. Mit allerlei Steuerargumenten und Umweltideen hatte er sie geködert. Daß er sie gerade dadurch verlieren würde, wollte er einfach nicht glauben.

Vorsichtsmaßnahmen gegen das Verlassenwerden sind meist wirkungslos. Ernsthaft in Frage kommende Strategien, ein Ausscheren aus einer Beziehung zu verhindern, gibt es nicht.

Und nur sehr wenige Paare haben stabile Regeln, wie sie mit solchen Situationen umgehen wollen.
Sexuell betrogen werden ist für Männer und Frauen eine leidvolle Erfahrung. Eine Erfahrung, die für viele Männer zu einem unausweichlichen Schlußstrich führt. »Diese Erniedrigung habe ich nicht ertragen«, bekannte ein 37jähriger Lehrer. Er verließ seine Frau und zwei Kinder an dem Abend, an dem er erfuhr, was geschehen war. »Weiter bei ihr zu bleiben, wäre eine solche Schmach gewesen, das hätte ich nicht ertragen.«
Erniedrigung und Schmach sind Begriffe aus dem vorigen Jahrhundert, doch Männer fallen in diesen Sprachstil zurück, wenn auch Frauen sexuelle Freiheit suchen. Dieser Lehrer hatte ernstlich versucht, sich mit seinem Kontrahenten zu schlagen. Ein herausgehobener Fall. Doch viele Männer zerbrechen daran, wenn ihre Frau sie betrogen hat. Sie winden sich in dem Zwiespalt, ihre Beziehung nicht aufgeben zu wollen, weil sie ihnen so viel bedeutet, und der Verletzung, die sie erlitten haben. Sie schwören sich und glauben verbissen daran: »Diese Verletzung wird niemals verheilen.«
Frauen sind deutlich seltener zu solch drastischen Konsequenzen entschlossen, selbst wenn sie tobten und wüteten, stellten sie die Beziehung seltener sofort in Frage.
Oberflächlich betrachtet, könnte das an größerer Opferbereitschaft oder Duldsamkeit liegen. (Die ich allerdings bezweifle, das Ausscheren von Frauen wäre dann wohl seltener.) Oder es ließe sich vermuten, Frauen hätten die größeren Fähigkeiten zu verzeihen. Ich glaube etwas anderes: Eine Frau, die sich sexuell einem anderen Mann öffnet, setzt ein augenfälliges Zeichen ihrer Autonomie. Für die meisten Männer gibt es wahrscheinlich kein drastischeres Signal für die Selbständigkeit ihrer Partnerin. Will SIE dann – für den Mann unfaßbar – an der Beziehung festhalten, oder noch dramatischer, beschreibt sie glaubhaft, daß sie ihn noch liebt, versetzt es den Mann in hellste Aufregung. Handelt also eine Frau so,

wie es sonst Männer tun, dann könnte ein Mann ernstlich partnerschaftliches Verhalten zeigen. Doch die meisten Männer ziehen sich schmollend in die Trennung zurück, obwohl sie gerade das eigentlich nicht wollen.

Der starke Mann zieht wild entschlossen eine Trennung durch. Koste es, was es wolle. Je ungehobelter die Tiefschläge, die er austeilt, um so besser fühlt er sich. Je stärker er selbst verletzt, desto leichter kann er seinen Schmerz verstekken. Worunter er wirklich leidet – Angst. Angst, das Gesicht zu verlieren, Angst, der Gehörnte, der Hanswurst zu sein, Angst, klein beigeben zu müssen, und Angst, von nun an dauernd solche Verletzung fürchten zu müssen.

Er kann sich nicht vorstellen, die Beziehung auf eine neue Basis zu stellen: neue Bedingungen auszuhandeln, Freiheiten einzuräumen oder Schwierigkeiten einzukalkulieren.

Aus ihrer Angst heraus gibt es für Männer höchstens eine Alternative: »Das darf nie wieder vorkommen. Schwöre es.« – Männer forderten in manchen Fällen allen Ernstes: »Tue Buße.« Sie bestehen vielleicht darauf, daß sich die Frau ihre Haare abschneiden läßt, das schönste Kleid wegwirft, Briefe verbrennt oder besonders bizarr: »Ich will, daß du zusiehst, wenn ich mit einer anderen schlafe.« Manche Männer bestehen auch auf einer völligen Liberalisierung: »Jeder kann machen, was er will.« Bei diesen Paaren habe ich allerdings Zweifel, ob damit eine Verbesserung der Beziehung möglich ist.

Gleichberechtigt eine neue Basis für eine Beziehung aushandeln, offene Gespräche über mögliche Defizite einer Beziehung (ohne Schuldvorwürfe) führen, einen ehrlichen Ansatz suchen, neue Wege zu Intimität finden, solche Versuche habe ich bei Männern, waren sie die Betrogenen, extrem selten erlebt.

Im umgekehrten Fall (die Männer waren fremdgegangen) wagten eine ganze Reihe von Frauen eine solche faire Beziehungsklärung, ohne daraus eine Unterwerfung zu machen.

Die Angst, unterlegen zu sein

Männer haben gegenüber ihren eigenen Frauen nur wenige, eindeutige Gelegenheiten, sich unterlegen zu fühlen. Männer verdienen in der Regel mehr Geld, haben die bessere Ausbildung und angeblich mehr sexuelle Erfahrung. Eine Überlegenheit der Frau auf diesen Gebieten bedeutet immer noch eine existentielle Bedrohung.

Urs, ein Physiker, und Nadine, eine Marketingleiterin, waren fünf Jahre liiert. Heiraten wollten sie nicht, jedenfalls nicht, solange Kinder »nicht so recht pressierten«. Nadine war ehrgeizig. Ihr Gehalt lag am Anfang der Beziehung fast tausend Franken unter seinem. Ihr Ehrgeiz und ihr Erfolg setzten dann das Lohnrad in Bewegung. Vier Jahre später lag sie netto 39 Franken über Urs' Monatslohn. Nicht ohne Folgen.

Männer sind meist konservativ. Urs gestand mir später ein, er hätte Nadine auch deshalb nicht geheiratet, weil sie so darauf beharrte, auch mit einem Kind weiterzuarbeiten. »Solange kein Kind da ist, finde ich es gut, wenn die Frau arbeitet. Aber danach ...« Doch das erwies sich nicht als das Problem ihrer Beziehung. Urs beschrieb später den eigentlichen Sprengsatz: »Ich fand es gut, daß sie arbeitete, und es war wirklich nützlich, daß sie gut verdiente. Wir führten ein hervorragendes Leben. Doch als sie mir ihre Monatsabrechnung zeigte, hat irgend etwas klick gemacht. – Sie lag über mir (mit ihrem Gehalt). Zuerst habe ich sonst gar nichts bemerkt. Ich glaubte, es hätte mich nicht weiter berührt. Dann meckerte ich aus heiterem Himmel an ihrer teuren Kleidung herum. Vorher hatte ich nie daran gedacht. Kritisierte das extravagante Essen, das sie zubereitete. Es war der Anfang. Ich wachte nachts auf und erinnerte mich, daß ich von ihrer Gehaltsabrechnung träumte. Nächte später hämmerte es in meinem Kopf, ich bin der Mann, ich muß das Geld heranschaffen. Ich liege ihr auf der Tasche. – Wieso verdiene ich so wenig?« Über Urs brach ein seelischer Sturm herein. Er wußte, daß er »total in die falsche Richtung rannte.« Sie stritten über die unsinnigsten Kleinigkeiten. Er machte ihr Vorwürfe, die er selbst lächerlich fand, aber er konnte nicht damit aufhören. Über die Lohndifferenz sprachen sie nie. Urs wußte es und konnte es dennoch nicht mehr ändern: »Ich zankte die Trennung herbei.«

Einen Monat nach Nadines Auszug wußte Urs genau, was geschehen war: »Neununddreißig Franken hätte ich wahrscheinlich verkraftet, eintausendneununddreißig Franken sicher nicht, und dahin wäre es gekommen. Nadine ist so verdammt ehrgeizig. Ich weiß, daß es saublöd klingt, aber so ist es. Ich hätte es nicht ausgehalten.«

Urs erzählte, wie sein Vater die Aufteilung vornahm: »Das sind Frauensachen, das sind Männersachen.« Was zu Männersachen gehört? Unglaublich viel: Wohnungswahl, Autokauf, Haushaltsgeld (!) . . . Urs hielt sich für liberal. Er wollte seine Frau »mitreden lassen«. Er meinte dieses Wort vollkommen ernst, mitentscheiden, das schloß er aus. Männliche Angst vor Unterlegenheit.

Urs ist ein Beispiel für viele. Müßten Ehemänner jedesmal die Hand heben, wenn sie fürchten, von ihrer Frau überflügelt zu werden, würden viele Ehefrauen staunen. Mancher Mann entwickelt schon Unterlegenheitsgefühle, wenn er von seiner Frau oder Partnerin ungenügend an einem Gespräch beteiligt wird. Je nach Temperament wird er mit einem energischen Vorstoß seine Beteiligung erpoltern oder mit schmollend depressiver Schuldzuweisung, lauter oder leiser, den Rückzug antreten.

Unterlegen können sich Männer fühlen, wenn sie ihre Partnerin mit einem aufwendigeren Geschenk bedenkt als umgekehrt. Unterlegen fühlen sich Männer, wenn einer Frau eine gute Idee kommt, die sie eigentlich akzeptieren müßten, doch sie tun es nicht, es war nicht ihre Idee. Bei vielen Macho-Allüren ist männliche Angst vor Unterlegensein im Spiel, besonders wenn Leistungen von Frauen herabgewürdigt werden: »Was ist das schon ...?« Ein kleiner Test für die Ungläubige: Wird eine Ihrer Ideen in einem Gespräch oder einer Verhandlung von der Mehrheit der Männer abgewertet oder bespöttelt, drehen Sie den Spieß um. Probieren Sie aus, was geschieht, wenn Sie die Idee einem Mann oder gar dem Kritiker selbst zuschreiben. Spielen Sie (nur für diesen kurzen Augenblick) die Unterwürfige: »Wenn ich ehrlich bin, muß ich gestehen, die Idee war gestohlen, ... (beliebigen Mann einsetzen) hat sie zuerst gehabt und glaubte ... (alte Argumente neu formulieren), ich hätte gleich sagen sollen, wo ich die Idee herhabe.« Schaffen Sie es, Ihre Runde von der Urheberschaft des Mannes zu überzeugen, dann werden Sie in 70% der Fälle eine Veränderung der Bewertung erleben. Sinngemäß wird es heißen: »Vielleicht ist ja doch was dran, an diesem Vorschlag. Wir sollten ihn nochmals genau durchdenken.« Der Vorschlag an sich genommen ist für Männer selten wichtig, Männer bedenken, wer einen Gedanken präsentiert, sie werten den Botschafter, weniger die Botschaft.

Die Angst vor Überforderung

Neben den vielen hausgemachten Männerängsten gibt es andere, an deren Entstehung Frauen oft ungewollt beteiligt sind. Es geht um Situationen, in denen Frauen wollen, daß sich Männer behaupten oder sich vor sie stellen. Frauen schieben in manchen Situationen gern ihre Männer vor, wenn etwas Unangenehmes zu erledigen ist. »Das Essen war miserabel! Sag das dem Ober!« – »Das brauchen wir uns nicht gefallen zu lassen. Morgen gehst du hin und beschwerst dich.«
Auch die Frage: »Was machen wir denn jetzt? – Sag was, tu was!« oder die Aufforderung: »Geh bitte vor, ich hab Angst (vor der Dunkelheit, einem Hund, vor den vielen Menschen)« treffen selten auf Helden. Sie treffen auf Männer, die, ließen

sie ihr Innerstes zu, wahrscheinlich genauso unschlüssig, unsicher, wankelmütig, unentschlossen, ängstlich oder ratlos dastünden, wie die Frauen, die Unterstützung, Entscheidung oder Mut fordern.

»Sei ein Mann!« heißt die Forderung, ganz gleich wie ängstlich es in seinem Inneren aussieht. Äußerlich fühlt er sich geschmeichelt oder genötigt, doch verweigern kann er den Beweis seiner Männlichkeit nicht, ohne sein Gesicht zu verlieren. So jagen Frauen, auch emanzipierte Frauen, Männer in weitere Ängste.

Frauen sind stärker beteiligt bei dieser Selbstüberforderung, als sie vielleicht glauben. »Hinter jedem großen Mann steckt eine kluge Frau.« Eine verharmlosende Umschreibung für Frauen, die Männer zu Ansehen und Leistung und beruflichem Fortkommen anstacheln. Oft ist es schwer, Huhn (oder Hahn) und Ei zu unterscheiden. Will ER Karriere für sich oder für sie?

Erwartungen treten früh in das Leben von Jungen. Gehen wir davon aus, daß das System der Rollenzuweisung und Rollenakzeptanz ein Leben lang funktioniert. Zumindest solange bis sich jemand entscheidet, konsequent auf das Mitspielen zu verzichten. Nur dann gerät Bewegung in die alten Klischees. Das Beispiel der autoreparierenden Frau hat es gezeigt. Doch meist kommt zuerst SEINE Karriere, erst danach kommen IHRE Karriere oder die Bedürfnisse der Familie, auch diese bisher selbstverständliche Reihenfolge stabilisiert die Hierarchie der Geschlechter. In letzter Zeit habe ich zwei Familienväter allein auf eine mehrwöchige Weltreise gehen sehen, unterstützt von ihren Frauen: Für beide wäre es zu teuer gewesen, und ER brauchte diese Reise dringender. Beide Frauen setzten ihre Bedürfnisse überdeutlich hintan. Sie stabilisieren Männervorherrschaft und letztlich Männerängste, wenn auch in diesem Fall beide Seiten dies bestreiten würden.

Vielleicht sollten Frauen Rollenmuster noch viel deutlicher durchkreuzen: Männern regelmäßig Türen aufhalten, ihre

Garderobe selbst aufhängen. Sich keine Autotür aufhalten und schließen lassen. Die Stirnseite des Eßtischs besetzen (seinen Stammplatz), selbst einen Nagel in die Wand schlagen oder die in Einzelteilen verpackten Mitnahmemöbel selbst zusammenschrauben. Ihre berufliche Karriere in den Vordergrund stellen, Männer zum Essen einladen, gefährliche Hobbys ausprobieren, abends häufiger einen Vortrag besuchen oder eine berufliche Besprechung haben. Die Initiative beim Kennenlernen übernehmen oder sich politisch engagieren. Nicht immer bereit sein, seinen Vorstellungen zu folgen, sondern faire Kompromisse zwischen ihren *und* seinen Vorstellungen zu suchen.

Männer reagieren oft konfus, wenn erwartete Muster ausbleiben. Und Frauen entdecken erst mit der Zeit, wie viele ihrer Gesten und Gewohnheiten auf den fruchtbaren Boden männlicher Erwartungen getroffen sind. Nach einer kurzen Phase der Verunsicherung registrieren jedoch die meisten Frauen, daß ihre Männer erleichtert sind. Der Druck, männlich zu wirken, wird schwächer.

Das gilt nicht immer. Wenige Männer, die innerlich besonders ängstlich sind, können auch in hektische Aktivität verfallen und alles daransetzen, ihre Partnerin von solchen Abenteuern abzuhalten. Andere wiederum treten in einen echten Wettbewerb, um ihren größeren Mut, ihre größeren Fähigkeiten zu beweisen. Beides ist aber eher selten.

Für manche Frau birgt dieser Wandel neue, eigene Unruhe. Einen Mann für seinen Führungsanspruch tadeln, ist eine Seite der Medaille, ihn ohne diese Rolle weniger stark zu sehen (vielleicht auch weniger attraktiv), ist die andere. Diese Veränderung müssen Frauen verkraften. Verändern sich Männer, hat dies Einfluß auf die Beziehung, die Partnerin, das gesamte Umfeld. Ob der Wandel IHR dann gefällt, ist nicht gewiß.

Manchmal kippt sogar ein ganzes Familiengefüge. Aus dem Helden wird ein Pantoffelheld. Von einer Sekunde auf die andere wird aus dem überforderten Mann ohne Zwischen-

stopp ein unterlegener Mann. Er beklagt neidvoll die Kraft seiner Partnerin und verfällt in eine Kindrolle.
Wir vermuten in der Regel, eine zugewiesene Führungsaufgabe müßte das Selbstbewußtsein stärken. Auf einen wirklichen Helden, oder wie es heute in der Wirtschaft heißt, einen Durchzieher, mag das zutreffen. Die meisten Männer aber sind zum Glück keine wirklichen Helden, denn Heldenleben sind heroisch – aber kurz. Die meisten Männer sind »Frauen wie du und ich« und betrachten die Forderung nach Heldentum als unsinnige Überforderung: risikoreich und strapaziös. Daraus zu schließen, ihr Machtanspruch oder der Wunsch, als Held gesehen werden, wären vorbei, ist gänzlich falsch. Als Held *erscheinen* wollen sie weiterhin.
Jeder weiß, daß zwei Köpfe mehr bringen als einer, vier Augen mehr sehen als zwei und geteiltes Leid halbes Leid ist. Männer wissen es schon lange, auch wenn sie noch nicht immer konsequent danach handeln: Im Team (mit ihrer Partnerin) wären sie stärker! Verstünden sie eine Partnerschaft als Ergänzung, nutzten sie die Fähigkeiten beider Seiten und kompensierten sie die Fehler des anderen, wäre ihr Leben um einiges leichter.
Doch ausscheren aus dem Spiel »Ich bin dein Ritter«, das fällt Männern schwer. Fühlen sie sich erst in ihrer Rolle bedroht, werden sie härter, verschlossener oder aggressiver. Sie sind Verlierer in einer schönen Rüstung. Äußerlich glänzend, aber im Ganzen unbeweglich.

Die Angst in der Sexualität

Sexualität ist ein heikles Thema. Im Kapitel »Huren und Heilige« wurden die Konflikte der Männer mit ihrem Frauenbild beleuchtet und die Schwierigkeiten gezeigt, in eine echte Beziehung zu einer Frau zu treten.

»Männer sind stürmisch«, singt Herbert Grönemeyer in einem Lied. Und gewiß ist dies eines der manifesten Stereotype von Männern und Sexualität. Doch ein Großteil der Männer betrachtet Sexualität als ein Leistungsfach, das ihnen weniger gut liegt. Ohne Frage genießen Männer Sexualität, doch ebensooft kämpfen sie mit persönlichen Varianten von Impotenz. Keiner wirklichen Impotenz, aber einer ebenso quälenden imaginierten.

»Die Waffen der Frau« machen ihnen zu schaffen. Denn »Waffen des Mannes«, das mögliche Äquivalent im Kampf der Geschlechter, dieser Begriff bleibt leer. Schon die Sprache verrät es, Männer fühlen sich Frauen auf diesem Gebiet unterlegen. Frauen besitzen Raffinesse, Verführungskraft und Sinnlichkeit. Eigenschaften, die Männer in Filmen oder Büchern sehr verehren. In der Realität aber sind es genau diese Eigenschaften, die Männer fliehen lassen, denn unsere Sexualität ist eher etwas Schüchternes, Verstecktes, egal welche Heldentaten wir berichten. Wenn ein Mann mit seiner Partnerin eine befriedigende Form gefunden hat, löst sich die anfängliche Verkrampfung. Doch sie ist nur für diese Frau – und auch nicht in allen Situationen – aufgehoben. Männer, die seltener neue Beziehungen zu Frauen knüpfen, kämpfen zu Beginn der sexuellen Annäherung in der Regel mit Phasen kürzerer oder längerer Impotenz. Für einige Stunden oder Tage sind sie nicht zu einer wirklichen Vereinigung fähig.

In der Sexualität wirken sich versteckte Ängste besonders negativ aus, weil sie die Vertrautheit und die Innigkeit einer Begegnung hemmen oder verhindern. Manchmal so tief und so nachhaltig, daß Sexualität mehr Pflicht als Genuß wird.

Die Angst der Männer vor offener und freier Sexualität wird vehement kaschiert und verkleidet. Sie erkennen diese Angst schlecht, können sie nicht einordnen. Sie wird hinter manchem sexuellen Aktionismus versteckt.

Männer treibt bei ihrer Sexualität manchmal die Lust an der Eroberung an. Sie suchen immer neue Objekte, neue sexuelle

Varianten, die die Partnerin bis dahin nicht zugelassen hat, zum Beispiel bestimmte Be- oder Verkleidungen. Solange es in diesem Sinne Neues zu erobern gibt und von der Partnerin indirekt vermittelt wird, daß sie Weiteres gewähren wird, bleibt die sexuelle Spannung erhalten. Diese Sexualität ist aber eine äußerst kopflastige Form, und über kurz oder lang hat sie ihr Pulver verschossen. Die Befriedigung wird hauptsächlich erreicht durch Überschreiten von Grenzen, Tabus oder Normen, sie bleibt weit entfernt von sinnlichem Erleben. Sich fallen lassen, gegenseitiges Versinken, eine zarte Begegnung zweier empfindsamer Körper ist es nicht. Die Angst vor Gefühlen verhindert Sinnlichkeit. Die Scheu, eigenen weichen Empfindungen Raum zu geben, zwingt die Sexualität in eine verquere Form.

Manche Männer erleben Lust nur vermittelt durch ihre Partnerin. Der Mann, der sich selbst viel schlechter tief in die eigene Lust fallen lassen kann, partizipiert am Genuß der Frau, und ernennt sich möglicherweise überdies zum Schöpfer dieser Lust, um den Betrug auch vor sich selbst zu tarnen: »Nur durch mich kann sie so tief erleben!« – »Ich bin der Auslöser ihrer Befriedigung.« Die meisten Männer, die solche projektive Lust praktizieren, haben Angst vor ihrer Partnerin, denn es liegt allein in deren Hand, einen solchen Schwindel aufzudecken. Sie könnte seinen Selbstbetrug einstürzen lassen mit einem Satz: »Ich möchte mehr von *deiner* Lust erleben!« Diese Forderung ließe seine Seifenblase platzen, seine Scheinwelt wäre zerstört, er geriete in eine ernsthafte Krise. Letztlich bestimmt allein die Frau, wie gut dieser Mann sich fühlt.

Erobern wollen und projektive Lust sind zwei gravierende Angstmacher in der männlichen Sexualität. Sie betreffen einen kleineren Teil der Männer. Doch für viele Männer gilt: Eine liebevolle, sanfte und zärtliche Sexualität fällt schwer. Das innere Umschalten ist ihr Handikap. Wer meint, nach außen hart, kompromißlos und aggressiv agieren zu müssen,

kann nicht auf Knopfdruck in eine andere Haut fahren, wenn er Nähe und Zärtlichkeit in der Sexualität leben will. Doch die Männer, die ich kennenlernte, die diese Zweiseitigkeit leben konnten, taten es mit einem Trick. Sie spielten ihre äußerliche Männlichkeit. Sie spürten und wußten von sich, daß sie innerlich weich und anschmiegsam waren. Diese in ihrem Kern gefühlvollen Männer hatten erkannt, daß sie in der Welt der starken Männer mit diesem Innenleben lediglich Hohn ernten würden. Sie genossen es deshalb, Mann zu spielen. Und sie waren hervorragende Schauspieler, die ihre Rolle souverän beherrschten.
Die männliche Fixierung auf eine kämpferische Sexualität ist weit verbreitet. Begriffe wie Sich-hingeben und Annehmenkönnen passen nicht dazu. Mancher Mann lächelt pikiert, wenn man ihn fragt, ob er solche Gefühle kennt.

Die Angst vor Offenheit

Unsere Normen von dem, was andere von uns wissen dürfen, haben sich verschoben. Vor sechzig Jahren hieß die Forderung: »Fassung bewahren in allen Lebenslagen.« Es war eine andere Beschreibung für: »Alles Weiche und Verletzliche muß man für sich behalten.« Heute sind auch Gefühle akzeptierte oder tolerierte Gesprächsthemen. Sicher für Frauen selbstverständlicher, doch auch in Männerdialogen kann das Wort Gefühl schon manchmal ohne Naserümpfen oder ungläubiges Staunen auftauchen. Doch es bleibt eine Kluft zwischen den Geschlechtern. Es gelten immer noch andere Spielregeln. Männer entscheiden sich häufig für eine indirekte Beschreibung von Stimmungen oder belastenden Erlebnissen, besonders wenn sie wirklich betroffen sind. Wenn sie Tränen spüren oder Ratlosigkeit, dann reden sie lieber *über* das, was bedrückt. Offenheit ist für Männer bedrohlich. Einem Mann muß schon der Boden unter den Füßen versinken, bis er seine Erschütterung oder seinen Schmerz direkt zeigt. Und selbst dann setzt er meist viel daran, so schnell wie möglich wieder aus dieser mißlichen Emotionalität herauszukommen.

Gefühle sind ein Teil der männlichen Innenwelt, der meist nur gefiltert preisgegeben wird, ähnlich suspekt wie das klare Eingestehen von Wünschen und Bedürfnissen an eine Partnerin. Männer lösen dieses Problem häufig mit einem Trick. Sie erklären den Wunsch zur berechtigten Forderung, auf die sie ein Anrecht haben, und verschleiern damit – oft sogar vor sich selbst –, daß ihre Partnerin einen solchen Wunsch genausogut zurückweisen könnte. Selbst unsere männliche Rechtsprechung hat sich zu einem Terminus hinreißen lassen, dem eine Pikanterie schwerlich abzusprechen ist: Eheliche Pflichten. Kaum jemand stellt sich heute ernsthaft vor, daß solche Pflichten eingeklagt werden könnten, doch der Begriff der ehelichen Pflicht ist (noch) nicht aus unserem Sprachgebrauch getilgt. Ein krasses Beispiel.

Die Angst vor Nähe

Wer vor Offenheit zurückschreckt, den beunruhigt auch Nähe. Jedenfalls Nähe, die eine innige Vertrautheit zweier Menschen beschreibt, die nur entsteht oder langfristig Bestand hat, wenn die Partner viel über einander wissen. Aus erster Hand, ungeschminkt, offen und ehrlich.

»Zu zweit einsam sein«, ist eine Kunst, die Männer zum Verdruß ihrer Partnerinnen meist perfekt beherrschen. Männer begreifen oft nicht, daß bloße physische Anwesenheit und ein Gespräch über Belanglosigkeiten soviel mit Nähe zu tun haben wie ein unbeschriebenes Blatt Papier mit einem Liebesbrief.

Auch in Männerfreundschaften kommt Nähe nicht oft vor.

Männer haben Kumpel, mit denen sie durch dick und dünn gehen und oft viel Zeit verbringen. Austausch über filigrane Seelenfragen steht selten auf dem Programm der Männerrunden. – Sich nahestehen, so charakterisieren Männer ihre Beziehung zu einem Mann höchst selten. Nahestehen, das tun Männer lediglich Frauen. Sprechen Männer und Frauen von Nähe, liegen Welten zwischen dem, was sich beide jeweils darunter vorstellen.

Männer haben Kumpane oder Kumpel, Frauen schätzen ihre Freundin. Sie weiß mehr über die Frau, als der Partner oder Ehemann. Und dies nicht nur, weil die Frau Geheimnisse vor ihrem Partner haben will, sondern weil der Partner selten oder nie ein Signal sendet oder offen zeigt, daß er an solchem Austausch ernstlich interessiert ist.

»Wer sich der Nähe entzieht und wirkliche Offenheit scheut, bringt sich um den Sinn des Lebens«, behauptete eine Frau in einem Kurs. Männer sitzen in dieser Falle. Nicht von ungefähr suchen sie ihr Lebensglück in Macht. Sie mißtrauen tief den Chancen von Nähe und Offenheit. Männern bleibt in ihren eigenen Denkmodellen fast kein anderer Weg, als Macht anzustreben. Macht soll sie entschädigen für das versäumte Leben, entgangene Vertrautheit und verlorenes Glück.

Glück, dieses schöne Wort für das tiefe Erfahren eines durch und durch erfüllenden Wohlbehagens benutzen wir bedauerlicherweise auch für so Profanes wie den Zufall, für die unbeeinflußbaren Ergebnisse des Würfelns oder den willkürlichen Fall der Lottozahlen. Sind es unsere Zahlen, Zahlen, die uns nutzen, dann nennen wir es ebenfalls Glück.

Glück nicht durch Reichtum, sondern durch ein erfülltes Leben – da stutzen Männer. Zufrieden, das wollen sie sein, mit diesem Begriff können sie eher etwas anfangen. Aber Glück, das ist den meisten Männern mehrere Nummern zu groß. Glück, das ist zu heftig, zu unkalkulierbar, da drohen innere Unruhe, verlorener Halt und Kontrollverlust. Glückstaumel. Nein. Männer lieben die kleinere Dosierung, ein bißchen

Freude, ein wenig gute Stimmung, Ausgeglichenheit und klare Regeln.
Häufig kam es mir so vor, wenn ich mit Männern über Glück sprach, daß sie regelrecht Angst verspürten. Sie erklärten mir, daß Glück immer kurz wäre, meist vom Zufall abhinge und ein unkalkulierbares Risiko bedeute, wenn man sich zu sehr darauf verlassen würde. Von klein auf darauf geeicht, etwas bringen müssen, sahen sie nur einen Zusammenhang: Etwas leisten und dafür belohnt werden. Glück, vermuteten sie, dafür müßte Mann irgendwann teuer bezahlen. An Geschenke, die ihnen das Leben bereiten könnte, daran wollten sie nicht glauben. Leistung und Gegenleistung war ihr Motto. Und ein unbezahlbares Glück, durch eine Partnerin, mit einer Partnerin, das gäbe es nur im Film.

Der Versuch, den Ängsten zu entkommen

Irgendwann ahnt oder weiß ein Mann, daß er Angst vor starken Frauen hat. Die vermeintlich mutige Variante mit diesem Handikap umzugehen: Starke Frauen bekämpfen! Im Beruf oder im Freundeskreis bieten sich viele Chancen, selbstbewußten, souveränen Frauen Grenzen zu zeigen. Die gute Idee einer Frau ist dann möglicherweise etwas dürftig, wird freundlich belächelt oder öffentlich diffamiert. Auch das Hintertreiben von weiblichen Karriereansprüchen, oft sogar ohne direkte Konkurrenz, ist ein beliebtes männliches Mittel, weiblichen Anspruch auf Gleichberechtigung zu verhindern. Das ist sicher bezeichnend. Frauen schicken sich gerade an, die größere Gruppe der Studenten zu stellen, aber in Führungspositionen sind sie geradezu katastrophal unterrepräsentiert. Im Management zählt man über alle Hierarchiestufen ca. 4% Frauen. Je bedeutsamer und verantwortungsvoller eine Position, desto geringer werden die Alibiprozente. Und

die Zahl der Frauen in Vorständen läßt sich leichter in Promille als in Prozenten ausdrücken.
Lernt ein Mann eine Frau kennen, ist sie ihm auf den ersten Blick sympathisch, kann dennoch der schöne Traum (auf beiden Seiten) jäh zusammenbrechen: Sie formuliert einen klugen Satz, der seine Thesen etwas gewagt, unreflektiert oder obsolet dastehen läßt. Der Mann mit Profil – und wenig Angst – anerkennt ihren Punktgewinn und fühlt sich ein deutliches Stück stärker zu ihr hingezogen. Der Mann mit Angst vor weiblicher Stärke wird verlegen lächeln; mit abenteuerlichen Konstruktionen ihre Aussage zu widerlegen suchen oder kategorisch, überheblich lächelnd ihre Ausführungen für weibliche Logik erklären. Er wird sich binnen weniger Minuten aus dem Flirt, der bisher die Unterhaltung bestimmt hat, verabschieden. Sie wird das Gespräch beenden, oder er wird auf einer scheinbar sachlichen, weitschweifigen oder besserwisserischen Linie die Argumentationskette weiterknüpfen.
Diese situative Logik setzen Männer auch in ihre langfristigen Entscheidungen für Beziehungen und Partnerschaften um. Ihre Wahl fällt auf die schwächere Frau. Nicht alle Menschen sind gleich stark oder schwach, selbstsicher oder unsicher, klug oder weniger klug. Intelligenz und Selbstsicherheit verteilen sich unterschiedlich. Es gibt viele Menschen in der Mitte: Sie können mittelmäßig klug oder mittelmäßig sicher oder mittelmäßig stark sein oder in allem in der Mitte liegen. Von den ganz dummen und den ganz klugen gibt es sehr viel weniger. Auch die Stärke von Frauen und Männern verteilt sich so. In der Mitte gibt es ganz viele und zu den Rändern hin immer weniger. So könnten sich Paare ganz leicht zusammenfinden, die ungefähr gleich stark oder gleich selbstsicher oder gleich klug sind. Darin läge eine gute Basis für gleichberechtigte Partnerschaften.
Diese Darstellung ist etwas verkürzt, jeder dieser Begriffe ließe sich feiner aufschlüsseln. Was ich mit diesen Beispielen

zeigen will: Es gibt die prinzipielle Chance, einen gleichberechtigten Partner mit einer ähnlichen Persönlichkeitsstruktur zu finden. Doch häufig läuft es anders: Männer entscheiden sich für eine Partnerin, deren Stärke ihnen keine Angst macht, so behält er die Oberhand.

Das Nachsehen haben die starken Frauen, die Zahl der Männer, die sich vor ihnen fürchtet, ist deutlich größer als die Zahl der Männer, die sich ihnen gewachsen fühlt. Die Zahl der Männer, die sich eine gleich starke Frau an ihrer Seite wünscht, ist noch sehr gering. Kein Wunder, daß die starke Frau oft allein bleibt, zu viele Männer fürchten sich vor ihr. Sie sind blind für die Bereicherung und die Vorteile, die sie aus einer solchen Beziehung schöpfen könnten.

Männer, die mit der Angst vor Frauen kämpfen, achten bei ihrer Partnerwahl auf diesen kleinen Unterschied. Nur bei Frauen, bei denen sie das Gefühl haben, wenigstens leicht überlegen zu sein, starten sie einen Annäherungsversuch und knüpfen eine Verbindung enger. Das ist die fast universelle Männermethode. Sie müssen glauben, den Frauen intellektuell oder vom Bildungsstand überlegen zu sein. Auch dahinter steht der immer gleiche Wunsch zu dominieren und die Angst, als Blender entlarvt zu werden. Sie erhoffen sich für ihren eigenen Part in der Beziehung praktische Vorteile und mehr Sicherheit, wenn die Partnerin bewundernd zu ihrem Helden aufsieht.

Oft hoffen Männer, solche Unterschiede wären unveränderlich, doch die meisten Frauen steigern im Verlauf ihres Lebens deutlich ihr Selbstwertgefühl. Sie arbeiten sich nach oben, und sie sehen ihre Partner mit der Zeit realistischer. Manche Frau ließ sich mit zwanzig Jahren noch vom äußeren Schein gefangennehmen, doch Oberflächliches verliert schnell seine betörende Wirkung. Nicht zuletzt, weil Mann – hat er seine Frau erst erobert – schnell mit dem Werben aufhört und zum tristeren Alltag des fordernden Gatten wechselt. Von Achtung und Aufmerksamkeit ist dann weniger die

Rede. Sobald ein Mann sich sicher glaubt, läßt sein Bemühen deutlich nach.

Auch unterschwellige oder offene Obstruktion gegen ein qualifiziertes berufliches Engagement der Partnerin spiegelt männliche Ängste. Oft geschickt und unmerklich stellt er selbst das größte Hindernis dar, wenn SIE zum Beispiel nach einer sogenannten Kinderpause wieder berufstätig sein will. Er fürchtet (zu Recht), Berufstätigkeit (ganz besonders qualifizierte) wäre eine enorme Stärkung weiblichen Selbstbewußtseins und weiblicher Unabhängigkeit.

Das Gruppenverhalten von Menschen unterscheidet sich häufig vom Verhalten in einer Zweier-Interaktion. Das einfachste Beispiel: Eine Niederlage wird, wenn weiter niemand zuhört, deutlich leichter verkraftet. Kratzt die Ehefrau ohne Zuhörer an der Potenz ihres Mannes: »Du hast auch nur noch einmal im Monat Lust!«, dann bringt dies weniger Sprengstoff hervor. Der gleiche Satz in einer größeren Runde gesagt, wird mit einer Gegenattacke beantwortet, das ist sicher.

Eine Frau, die herausfinden will, ob sie von einem Mann als stark erlebt wird, tut also gut daran, die ersten Tests in Zweiergesprächen zu starten. Hier kann sie eine ziemlich klare Rückkopplung über die innere Wertung eines Mannes bekommen. Dabei müssen wir zwei Arten von Stärke unterscheiden.

Es gibt ein generelles Gefühl der Unterlegenheit von Männern gegenüber Frauen. Es hängt mit den drei angesprochenen allgemeinen Vorsprüngen von Frauen gegenüber Männern zusammen (größere Empathie, größere Akzeptanz von Gefühlen, geringere Konkurrenzorientierung). Daneben erlebt ein Mann möglicherweise situative Frauenstärke, die sich auf alle Bereiche menschlicher Kompetenz beziehen kann.

Die erste Art Stärke schwingt generell mit im Kontakt zwischen Männern und Frauen, sie provoziert zum Teil männliches Vormachtstreben und ist Teil seines Defizitgefühls gegenüber Frauen. Die zweite Stärke ist spezieller. Sie ist immer an eine bestimmte Frau gebunden und auf einen bestimmten Sektor bezogen. Hält es ein durchschnittlicher Mann in der Regel aus, wenn ihm eine Frau in einem bestimmten Segment überlegen ist, schlägt diese Toleranz bei zunehmender Zahl von Segmenten bald in eine generelle Unsicherheit, meist auch in direkte oder indirekte Aggression, um. Erst dann kann eine Frau aus dem Verhalten des Mannes auf seine Angstgefühle schließen.

Woran erkennt Mann eine starke Frau?

Nachdem so viele Männerängste beschrieben und Frauenstärken beleuchtet wurden, stellt sich die Frage, wie ein Mann die Stärke einer Frau erkennt.
Die Stärke eines Menschen wahrzunehmen ist schwierig. Selbstsicherheit, innere Ausgeglichenheit, die Fähigkeit, fair zu streiten, oder Willenskraft finden keinen direkten Niederschlag im Äußeren eines Menschen. Stärke ist eher eine begrenzte, nur unter bestimmten Gesichtspunkten vorhandene Fähigkeit, die sich in einer festumschriebenen Situation erschließen läßt. Wir schließen Stärke aus der Art der Sprache, aus Handlungen, aus einer Körperhaltung. Meist müssen Signale von Stärke sogar auf mehreren Ebenen erfolgen, damit wir sie als solche anerkennen. Einem Satz, der eigene Stärke behauptet, glauben wir nur, wenn ihn selbstsichere Mimik und Gestik unterstützen. Viele erkennen Stärke erst an, wenn einer Behauptung auch Taten folgen.
Doch die Frage nach dem Erkennen von Stärke ist noch ein wenig komplizierter. Jeder kennt die spontane Erkenntnis, daß er einem Menschen gegenübersteht, der eine Ausstrahlung von Stärke hat. Wir sehen in einem solchen Menschen eine Person mit Charakter, Profil oder Charisma. Es ist oft schwierig zu entscheiden, woraus wir diese Einschätzung er-

schließen. Und sicher hat es etwas mit der persönlichen Erfahrung des einzelnen zu tun.
Es wäre nun äußerst mühsam, all die Signale und Handlungen herauszufiltern, die für uns Stärke signalisieren. Es gibt einen viel einfacheren und ebenso wirksamen Weg zu entscheiden, woraus wir indirekt die Stärke eines Menschen erschließen. Stärke hat einen Gegenbegriff: Unterwerfung. Sie zeigt sich wechselseitig. Besitzt jemand (in einer Situation oder allgemein) Stärke, ist es äußerst selten, daß er sich gleichzeitig unterwirft. Damit ergibt sich ein einfacher Weg, Stärke zu erschließen.
Einen Menschen, der sich uns oder einem anderen unterwirft, den halten wir in der Regel für schwach. Gesten der Unterwerfung erkennen wir meist leichter, sie sind eindeutiger, zumindest leichter zu erkennen.
Welche Gesten signalisieren Unterwerfung oder Demut? Es reicht aus, eine kleine Liste typischer Gesten oder Körperhaltungen zu benennen. Wir sind in der Regel sehr gut in der Lage, sie wahrzunehmen. Vielleicht nicht immer bewußt – unterschwellig aber um so deutlicher.
Wir unterwerfen uns durch einen gesenkten oder leicht zur Seite geneigten Kopf. Durch leichtes Nicken, ein friedfertiges Lächeln (meist ohne Zähne zu zeigen), eine kleinmachende Körperhaltung und durch eine Sprache, die eigene Aussagen zu Fragen macht. Dies sind die Grundmuster. Sie können vielfach variiert werden.
Solche Gesten sind tiefer in uns verankert, als wir gemeinhin glauben. Die Verhaltensforschung hat uns die animalischen Vorformen nähergebracht. Der auf dem Rücken liegende Hund mit offen dargebotener Kehle ist das idealtypische Grundmodell.
Es lohnt sich, sorgfältig zu differenzieren: Der kokett nach hinten geworfene Kopf mancher Frau, als Filmszene hundertfach eingesetzt, ist eine Unterwerfungsgeste. Das vorgeschobene Kinn dagegen (es führt zu einer ähnlichen Kopfhal-

tung), erleben wir als aggressive Botschaft. Es klingt kompliziert, aber das Gegenteil ist richtig. Wir haben eine sehr sichere Wahrnehmung für Gesten der Unterwerfung, wenn sie uns auch meist unbewußt bleiben.
Nun zu den Männern. Sie halten sich für das starke Geschlecht und erwarten Unterwerfungsgesten. Wie sehr dieses Muster die Kommunikation von Männern und Frauen bestimmt, erkennt man, wenn man beginnt, die Gesten der Unterwerfung bewußt zu registrieren. Kaum eine Unterhaltung zwischen einem Mann und einer Frau, die über eine gewisse Zeit läuft, ist frei von solchen Unterwerfungsgesten. Sie können einem Beobachter als Beschwichtigungs- oder Besänftigungssignal erscheinen, oder sie bleiben gänzlich unerkannt, der Mann aber reagiert darauf. Er erkennt meist unterschwellig die eigentliche Botschaft dieser Gesten: »Ich, die Frau, bin unten, du, der Mann, bist oben.« Je liberaler die Umgebung, die Denkweise oder der Anspruch, um so subtiler werden die Körperbotschaften – aber gesendet und entschlüsselt werden sie immer. Sie sind das allgegenwärtige Signalsystem männlicher Vorherrschaft und weiblicher Anpassung.
Machen Sie die Probe aufs Exempel. Blenden Sie in einer Kommunikation zwischen mehreren Personen (Männern und Frauen) die sprachlichen Inhalte aus, achten Sie allein auf Gesten, Stimmlagen, Augenbewegungen, Körperhaltungen. Entscheiden Sie dann, was Sie für eine Unterwerfungsgeste halten. Wahrscheinlich werden Sie erstaunt sein, wie sehr Frauen Unterwerfung signalisieren. Es ist eine reale Unterwerfung, eine Unterwerfung der Psyche. Frauen signalisieren: Egal wie sehr wir verbal streiten, ich akzeptiere dich als den Stärkeren.
Wie soll ein Mann Angst empfinden vor Frauen, wenn sie so viele Signale von Unterwerfung produzieren? Die Zahl der Frauen, die bewußt oder unbewußt aus diesen Ritualen aussteigen, wächst. Das kann viele Gründe haben, lassen wir sie für einen Moment beiseite. Betrachten wir einen Mann. Er ist

gewohnt, bewußt oder unterschwellig, Signale weiblicher Unterwerfung zu empfangen. Für ihn ist es äußerst verwirrend, wenn die gewohnten Zeichen ausbleiben.
Trifft er zum erstenmal auf eine Frau, die keine Signale von Unterwerfung zeigt, brechen Männer diesen Kontakt mit großer Wahrscheinlichkeit ab. Männer sind auch in einer langfristigen Beziehung fast immer darauf angewiesen, wenigstens ab und zu ihre vermeintliche Überlegenheit durch kleine oder kleinste Gesten der Unterwerfung bestätigt zu bekommen. Dieser Aspekt ist wichtig, denn die Krise der Männer mit den starken Frauen vollzieht sich äußerlich genau hier: Fehlen die Signale der Unterwerfung, steht der Mann mit großer Sicherheit vor einer starken Frau.
Das ist das Grundmuster. Es wird zwischen zwei Menschen möglicherweise immer feiner ausdifferenziert. Die Disparität von Stärke zugunsten der Männer wird von Signalen bestätigt, die auf kaum wahrnehmbare Reste schrumpfen. Daraus zu schließen, sie verlören an Bedeutung, wäre fatal. Die meisten Männer reagieren absolut irritiert, wenn ihre Partnerin diese Signale aussetzt.
Bei einem kinderlosen Ehepaar war ein Signal der Unterwerfung der Frau, daß sie ihm das aufgeschnittene Brötchen auf den Teller legte. Als die Frau diese Geste stoppte und auch am dritten Tag keine Anstalten machte, in das alte Ritual zu verfallen, brach der Mann einen Streit vom Zaun. Nicht etwa über das Brötchen, sondern über einen Ausflug, den *sie* vorgeschlagen hatte und auf den er sich eigentlich freute. Erst sein vierter Satz lautete: »Es ist genau wie mit den Brötchen. Auf dich ist kein Verlaß mehr.« Er hatte die Veränderung bemerkt.
Es gibt noch einen weiteren Grund, das Ausbleiben von Unterwerfungsgesten als Erkennungszeichen von Stärke zu sehen, denn Gesten von Überheblichkeit besitzen wesentlich weniger Aussagekraft, als Männer und Frauen vermuten.
Überheblichkeitsgesten oder andere Signale, die Stärke sym-

bolisieren sollen, können leichter gespielt werden. Männer exerzieren dies regelmäßig; in den vorhergehenden Kapiteln wurde ausführlich davon berichtet. Unterwerfungsgesten sind schlechter einzustudieren. Damit wird in der jetzigen gesellschaftlichen Situation, in der die Stärke der Frauen deutlich nach außen tritt, das Zurücknehmen der weiblichen Unterlegenheitsgesten zum deutlichsten Erkennungszeichen dieses Wandels. Das ist besonders deshalb spannend, weil Männer – ganz ungewollt – nun ihrerseits Unterwerfungsgesten produzieren, wenn sie einer starken Frau gegenüberstehen.

Woran erkennt Frau Männerangst?

Männerangst muß unsichtbar bleiben. Das ist im Verlauf des Buches sicher klargeworden. Und es stellt sich zwangsläufig die Frage: Hat eine starke Frau die Chance zu erkennen, daß ein Mann sie fürchtet? Oder muß sie damit leben, abgewiesen zu werden, und akzeptieren, daß sie als unweiblich, unattraktiv, angsteinflößend, machtbesessen oder langweilig gilt?

Männer wollen auch ihre Angst vor starken Frauen selten eingestehen, das macht es schwieriger, sie zu erkennen. Zum Glück bleiben Gesten der Unterwerfung nicht auf Frauen beschränkt, Männer können ebenso mit diesen Gesten eigene Unterlegenheit zu erkennen geben. Sicher tun Männer dies selten bewußt, doch das ist für Frauen kein echtes Hindernis. Ihre Einfühlung reicht allemal aus, hinter solche Gesten zu schauen, wenn sie den grundsätzlichen Prozeß erkannt haben (ihre Mißachtung eigener Gefühle, ihre Angst vor Offenbarung eigener Empfindungen, ihre Orientierung an Härte, Leistung und Konkurrenz).

Ist man sensibilisiert für Demutsgesten, wird männliches

Verhalten transparent. Mit einer Ergänzung, die Frauen nicht immer leicht verstehen: Auch männliche Aggressivität hat häufig etwas mit Angst zu tun. Im Kapitel »Männer, Frauen, Angst und Stärke« habe ich die Verbindung zwischen Angst und Aggression näher erläutert, die hier in diesem Zusammenhang besonders wichtig wird.
Wichtig ist, daß schon *eine* einzige Unterwerfungsgeste Hinweis darauf sein kann, daß ein Mann SIE als starke Frau erlebt, egal welche verbalen Attacken er reitet. Entschlüsselt eine Frau zwei oder mehr solcher Gesten, ist gewiß, daß dieser Mann diese Frau – zumindest in dieser Szene – als stärker erlebt. Frauen müssen sich innerlich auf eine solche Erfahrung vorbereiten. Es ist ihnen nicht in die Wiege gelegt worden, mit einem Gefühl umzugehen, das ihnen eigene Überlegenheit vor Augen führt. Eine Frau muß sich regelrecht auf diese Erfahrung einstimmen, sie für möglich halten und dann die Realität auf sich wirken lassen.
Erst wenn Frauen ein sicheres Gefühl für männliche Ängste entwickelt haben, werden sie auch in Gruppen und in Arbeitsbeziehungen solche Signale erkennen.
Männer besetzen einen Großteil der Führungspositionen. Ihre Angst vor Frauen zu erkennen ist nicht leicht, und natürlich haben nicht alle Männer Angst vor starken Frauen.
Daß ein Chef nicht von seiner Sekretärin verunsichert wird, bedeutet allerdings noch nicht, daß er auch bei Frauen, die eine Konkurrenz darstellen könnten, seine Souveränität bewahrt. Die Verunsicherung in Arbeitsbeziehungen verläuft anders als die Verunsicherungen in Liebesbeziehungen oder Freundschaften. Das Muster der Unterwerfungsgesten gilt aber auch hier.
Arbeitsbeziehungen reflektieren fast immer die hierarchisch geordneten Strukturen der Arbeitswelt. Übernimmt jemand eine Führungsposition, setzt das eine gewisse Stabilität voraus, andererseits erwächst einer Führungskraft ein Rückhalt aus ihrer Position. Aber allzu hoch dürfen wir *diese* Absiche-

rung vor Ängsten nicht einschätzen. Verunsicherung macht an Hierarchiestufen selten wirklich halt.
Zum Beweis schildere ich gern das Putzfrauensyndrom mancher Vorgesetzter: Viele, besonders akademische Führungskräfte haben ihre Not mit den Forderungen oder bei Kontakten mit Reinigungspersonal. Ihr ab und an respektloses Verhalten irritiert Manager. Sie können dem Stil dieser Frauen wenig entgegensetzen. Ihre arrivierten Muster kann eine solche Perle so konsequent übersehen, daß Manager wehr- und hilflos flüchten, bevor SIE in sein Büro kommt. Diese Männer haben Angst vor der Schlagfertigkeit und dem Selbstvertrauen solcher Frauen, selbst dann, wenn es ihr Versuch ist, das Gefühl, eine drittklassige Arbeit zu verrichten, loszuwerden.
Warum hat der Chef keine Angst vor der Sekretärin? Die Frage ist leicht zu beantworten. Er hat sie ausgesucht, er kann sie gängeln, und was wichtiger ist, sie schickt ihm in fast allen Fällen die unausgesprochene Botschaft: »Ich bin kompetent, aber ich werde dich (in deiner Position) nie bedrohen.« Das ist ihre stillschweigende Übereinkunft. Für eine Assistentin oder Mitarbeiterin gilt dieser Satz schon nicht mehr. Sie ist, zumindest potentiell, eine Bedrohung. Sie kann seine Fehler inhaltlich besser erkennen und hat in der Regel ähnliche Kompetenz wie er. Hier lohnt es sich also wieder, nach Unterwerfungsgesten zu forschen.
Unterwerfungsgesten im Arbeitsbereich liegen, zusätzlich zu den Gesten, die vorher angesprochen wurden, in verbalen Stilelementen. Eine Frau (auch ein Mann) unterwirft sich, indem sie eher fragt, als Behauptungen aufzustellen. Sie kritisiert nicht, sondern formuliert Einwände, und leitet sie ab aus den Argumenten des Stärkeren. Wobei sie die Beziehung immer wieder durch ihre nonverbalen Gesten bestätigt.
In der Arbeitswelt kommt als deutlich komplizierender Effekt die Gruppenwirkung hinzu. Verletzung wirkt vor Publikum anders als in einer Zweiersituation. Auseinandersetzun-

gen und Konflikte werden letztlich härter ausgetragen, auch wenn die Form kultivierter erscheint. Die gruppendynamischen Prozesse in größeren Arbeitseinheiten sind äußerst vielschichtig. Zwei Fragestellungen kann man im Rahmen unseres Themas herausgreifen: Die Frage einer kollektiven Furcht von Männern vor Frauen und die Frage vor der Furcht vor dem beruflichen Aufstieg von Frauen.

Dieser kollektive Aspekt der männlichen Angst vor Frauenstärke tritt nur in der Arbeitswelt so deutlich auf. Hier ist der Kampfgeist von Männern unmittelbar angesprochen und die Frau als Konkurrentin direkter zu erkennen. Das erhöht die männliche Bereitschaft, auf Verunsicherung mit Kampf zu antworten.

Nicht alle Beziehungen von Männer und Frauen am Arbeitsplatz sind angstbestimmt. Eine solche Vermutung wäre abwegig. Nur in bestimmten Ausschnitten erhöht sich das Konfliktpotential zwischen Männern und Frauen, daneben gleichen die Kommunikation und deren Angststrukturen weitgehend den alltäglichen Mustern.

Drei Hauptmechanismen entwickeln Männer in Kollektiven zur Minderung ihrer Angst vor weiblicher Konkurrenz.

Erstens kommt es zu einem Schulterschluß zwischen Männern. Frauen erkennen solche Abwehrmechanismen an Blikken, die gleichzeitig von mehreren auf sie gerichtet sind, oder an gewollt abgeschickten Gesprächsfetzen, wenn sie an einer Männergruppe vorbeigeht. (»Die Müller...«, »... bei der...«, »die hat doch...«) Der jeweilige Kontext macht ziemlich klar, daß diese Frau gemeint ist. Auch plötzlich verstummende Gespräche, wenn eine bestimmte Frau in die Nähe einer Gruppe von Männern kommt, zählen hinzu. Letztlich sind diese Verhaltensweisen nicht geschlechtsspezifisch männlich, Frauen kennen diese Muster ebenfalls, wenn es bei ihnen auch häufiger um etwas andere Inhalte (eher Beziehungsinhalte) geht. Erkennt eine Frau solches Verhalten, kann sie mit einiger Gewißheit auf männliche – kollektive –

Angst schließen. Die Beunruhigung, die SIE damit unter Männern verbreitet, hat ein gravierendes Maß angenommen, denn die männliche Hemmschwelle, anderen Männern solche Einschätzungen (wenn auch meist verbrämt) zu vermitteln, wurde überschritten.

Zweitens setzen Männer Flirten als Versuch ein, ihrer Angst vor einer bestimmten Frau Herr zu werden. Die Unterscheidung zwischen einem echten Flirt und einem angstinduzierten Abwehrverhalten ist dabei nicht immer einfach. Denn die sichere Probe aufs Exempel: Wie weit wird sich der Flirt entwickeln? Diesen Test kann und will eine Frau in den meisten Fällen nicht akzeptieren. Dennoch hat sie eine gute Möglichkeit, die Stoßrichtung eines Flirts zu erkennen. Sie kann mit dem Satz: »Ich freue mich, daß Sie mich mögen!« den funktionalen Flirt vom echten Flirt unterscheiden. Ist er echt, wird die Freude des männlichen Gegenübers deutlich abzulesen sein, im anderen Fall werden peinliche Verlegenheit, Zynismus oder möglicherweise sogar Aggression den Versuch, Angst zu kaschieren, erkennen lassen.

Drittens wählen Männer die geschlechtliche Neutralisation, um ihre Angst zu verkleinern. Sie erklären eine Frau innerlich zu einem Neutrum, sie entsexualisieren alle Kommunikation mit ihr. Das ist für eine Frau manchmal schwer zu erkennen, denn mit diesem unsichtbaren Tarnschleier können Männer einer Frau konfliktarm begegnen. Im großen und ganzen ist dies eine friedliche Form, die Angst zu bekämpfen, und Frauen sollten mit einer solchen Lösung einverstanden sein. Denn es muß nicht immer zu ihrem Vorteil sein, wenn ein Mann versucht, seine Angst auf anderen Wegen loszuwerden. Sollte es weibliche Eitelkeit schmerzen, nicht als Frau anerkannt zu sein, hilft es manchmal, sich vorzustellen, daß auch sie viele Männer in ihrer Umgebung, wahrscheinlich die meisten, auf diese Art betrachtet. Weniger um sich vor der Angst vor dem Mann zu schützen, vielmehr weil jemand für sie einfach wenig interessant oder sympathisch erscheint. Die Frau,

die dennoch Gewißheit haben will, kann diese nur erreichen, indem sie Weibliches besonders betont. Hat ein Mann Zuflucht in Neutralisation gesucht, wird er mit sichtbarer Verunsicherung reagieren. Tut er es, kann sie mit einiger Sicherheit auf seine Angst vor ihrer Stärke schließen.
Beruflicher Aufstieg ist für Frauen ein schwieriges Kapitel. Ein amerikanisches Buch* sieht nach dem Bambusvorhang und dem eisernen Vorhang einen gläsernen Vorhang in den Schwierigkeiten, die Frauen bei ihrem beruflichen Aufstieg erleben. Sie können ihn schlecht oder gar nicht durchdringen.
Frauen fragen häufig, ob ihre Benachteiligung bei Beförderungen, Höherstufungen, Neubesetzungen und der Zuteilung anspruchsvoller Arbeit etwas mit der Angst der Männer vor starken Frauen zu tun hat. Die Antwort ist: JA.
Beruflicher Aufstieg von Männern ist oft an die Steuerung durch einen oder mehrere Mentoren gebunden. Frauen haben in der Berufswelt selten wirkliche Förderer. Der gläserne Vorhang existiert. Nun würden Männer, die Frauen nicht für hochrangige Managementaufgaben geeignet halten, selten eingestehen, daß sie Angst vor Frauen haben. So einfach ist die Frage nicht zu beantworten. Probleme mit dem beruflichen Aufstieg von Frauen begründen sich anders. Frauen entwickeln auch im Berufsleben eigene Stile. Manager sind sehr häufig konservativ orientierte Menschen, für sie verhalten sich Frauen oft ungewöhnlich und irritierend. Und fast in jedem Fall weicht die Art des Umgangs deutlich von ihren eigenen Vorstellungen ab. Hier fehlt männlichen Führungskräften deutlich die Phantasie, diesen anderen Stil auf ihre eigene Aufgabenstruktur zu übertragen. Oder anders ausgedrückt, sie, als konservativ ausgerichtete Menschen, fürchten Neuerungen und Ungewohntes. Letztlich haben sie Angst vor weiblichen Handlungsmustern.

* Ann M. Morrison: »Breaking the Glass Ceiling«, Massachusetts 1987.

Es gibt einige Hinweise, die Frauen Schlüsse darauf erlauben, ob der Partner mit ihrer Stärke gut oder weniger gut zurecht kommt.

- Benutzt ER selten – ernstgemeint – die Formulierung »Du hast recht, ich habe mich getäuscht«?
- Kritisiert ER nachträglich oder direkt häufiger Menschen, die Sie loben oder erkennbar schätzen?
- Versucht ER geschickt (!), Sie von Kontakten mit anderen Menschen abzuhalten?
- Wertet ER Ihre Berufstätigkeit ab? Oder verhindert er Ihre Berufstätigkeit mit subtilen (!) Methoden?
- Kritisiert ER Ihre Erziehungsmethoden, schaltet sich aber selbst destruktiv in die Erziehung ein?
- Hilft ER im Haushalt, nörgelt aber dabei still vor sich hin?
- Können Sie IHM viel »abtrotzen«?
- Besteht ER darauf, im Bett der aktivere Teil zu sein?
- Zweifelt ER in Ihrer Gegenwart demonstrativ an seinen Fähigkeiten, um sich vom Gegenteil überzeugen zu lassen?
- Lästert ER in Ihrer Gegenwart über selbstbewußte Frauen?
- Erzählt ER häufiger Witze, in denen Frauen dumm dastehen?

Als sehr grobe Regel ließe sich die Norm aufstellen: Sagen Sie bei drei oder vier der Fragen JA, gibt es Grund anzunehmen, Ihr Partner habe Angst vor Ihrer Stärke. Sagen Sie mehr als fünfmal JA, können Sie mit Sicherheit davon ausgehen. Doch es bleiben letztlich Vermutungen, nicht mehr.
Vermuten Frauen erst einmal, daß Männer Angst vor ihnen haben, stehen sie möglicherweise vor einem Problem: Sollen sie den Partner direkt darauf ansprechen? Sollen sie Hinweise sammeln, die ihre Ahnung bestätigen? Ich schlage einen anderen Weg vor.
Wenn eine Frau vermutet, daß ihr Partner Angst vor ihr haben könnte, sollte sie eine Woche lang jeden Anschein von

Stärke vermeiden, ohne (!) in Selbstzerfleischung, Anbiederung, Männervergötterung, Passivität oder Depression Zuflucht zu nehmen. Das ist schwieriger, als Frau denkt. Es wäre aber für Männer genauso schwierig.
Darauf müßten Sie dann verzichten:

- Schnelle Lösungen, aus dem Ärmel geschüttelt
- Zielsicheres Abwickeln von Aufgaben
- Präzise Interpretationen der Seelenlage des Partners oder eines anderen Menschen
- Stolze Erfolgsmeldungen aus dem Berufsleben
- Souveränes Konfliktmanagement bei unerwarteten oder erwarteten Störungen
- Eine allzu aktive Rolle im Schlafzimmer oder davor

Stellen Sie für eine Woche Ihr starkes Innenleben unter den Scheffel. Seien Sie etwas tolpatschig, zögerlich oder unüberlegt, irritierbar durch Krisen und etwas trostbedürftiger als gewöhnlich. Verzichten Sie auf Stärke, seien Sie mittelmäßig.
Aber übertreiben Sie Ihre Schwäche nicht zu sehr, dumm ist Ihr Partner nicht, sonst wären Sie nicht bei ihm.
Nach einer Woche testen Sie seine Stimmung. Wie hat er darauf reagiert?

- Hat er den Wandel überhaupt bemerkt? – Wenn nicht, haben Sie wahrscheinlich zu stark agiert, noch einen Schritt kürzer treten.
- Hat er den lieben Gott beschworen, Sie wieder normal werden zu lassen? – Dann hat er keine Angst vor Ihnen, aber er braucht Ihre Stärke.
- Hat er sich wohler gefühlt? – Dann hat er Angst vor Ihrer Stärke.
- Hat er sich unwohler gefühlt, aber keinen Kommentar gegeben? – Dann weiß er selber noch nicht genau, was er von diesem Wandel zu halten hat. Noch eine Woche weitermachen.
- Hat er Sie angemeckert, doch wieder vernünftig zu wer-

den? – Dann braucht er Ihre Stärke und fürchtet sie wahrscheinlich ebenso.

- Hat er sich nichts anmerken lassen, aber Sie haben gespürt, daß er den Wandel registriert hat? Hofft er auf Ihre Normalisierung? – Ob er wirklich vor Ihrer Stärke Angst hat, ist noch nicht entschieden, eine Woche weitermachen.
- Hat er sich bei Ihrer/seiner Mutter beschwert? – Dann hat er Angst vor Ihrer Stärke.
- Hat er sich bei Ihrer oder einer gemeinsamen Freundin beschwert? – Fragen Sie sie genau. Macht er sich Sorgen um Sie? – Dann hat er Angst! Macht er sich Sorgen um sich? – Dann hat er auch Angst! Macht er sich Sorgen um die Beziehung? – Dann hat er Angst! Macht er sich Sorgen darum, was er tun kann, Sie wieder stabil zu machen? – Dann hat er wahrscheinlich weniger Angst. Daß er Sie nicht selbst fragt, läßt allerdings vermuten, daß er Ihre Stabilität nicht sehr hoch einschätzt.

Gehen wir davon aus, Sie stellen fest, Ihr Partner hat Angst vor Ihrer Stärke. Jetzt müssen Sie entscheiden, ob Sie damit leben können oder wollen, oder ob Sie diese Angst in Angriff nehmen wollen. Also: Sie werden wieder normal (stark) und fragen Ihren Partner beiläufig, wie er sich fühlt, wenn Sie so sind, wie Sie gerade sind. Er wird Sie verdutzt ansehen und keine klare Aussage machen. Steter Tropfen höhlt den Stein. Machen Sie es sich zur Regel, in unregelmäßigen Abständen solche Fragen zu stellen. Auch in anderen Zusammenhängen.
Irgendwann wird der Partner reagieren. Alle Schattierungen von klarer Beschreibung eines Gefühls bis hin zu abstrusen Deutungen der Weltlage sind möglich. Je stärker die klare Beschreibung, desto eher ist ein Gespräch über diese Äußerungen möglich. Führen Sie es. Es ist ein Gespräch über Gefühle und ihre Wirkungen. Es gibt kein ›richtig‹ und ›falsch‹, höchstens etwas wie ›schwer nachzuvollziehen‹ und ›einleuch-

tend‹. Solche Gespräche sind Neuland für Männer, gestehen Sie ihnen zu, daß sie Zeit brauchen, sich in diese Situation einzufinden. Druck, Lächerlichmachen, Gedankenlesen oder Ungeduld sind absolute Killer, dabei kann niemand aus seinem Schneckenhaus heraus. Führen Sie solche Gespräche nur, wenn Sie wirklich Lust dazu haben. Therapeutische Zielsetzungen schaden Beziehungen fast immer.

6
Der große Käfig
Das enge Leben der Männer

Männer leben in einem großen Käfig. Ihre männlichen Normen und ihr Machtanspruch sind die Gitterstäbe. Dieser von ihnen selbst und der Gesellschaft gebaute Käfig schränkt stärker ein, als sie es sich träumen lassen. Ihre Not mit der Macht steht dabei im Vordergrund. Machtstreben ist ein Grundstein für die Angst der Männer.

Männer dominieren seit Jahrtausenden die Gemeinschaften des Homo sapiens. Hierin unterscheidet sich die Gattung nicht von den sozialen Hierarchien der übrigen Primaten. Die Rangordnung von Tieren beruht fast immer auf körperlicher Kraft, und dieses Grundmodell von Führerschaft – Aggression – behielt der Mensch bei, als er den Wurzeln seiner animalischen Herkunft entwuchs.

Die Formel »Aggression verschafft Macht« hat die Entwicklungsgeschichte der Menschheit bestimmt, doch nicht ausschließlich. Bereits die Vor- und Frühgeschichte zeigt Abweichungen.

Die frühesten rekonstruierbaren Kulthandlungen (zu einer Zeit, in der unsere Vorfahren noch keinerlei Schrift kannten) gründeten sich auf Fruchtbarkeitsrituale und etablierten eine teilweise matriarchalische Gesellschaft. Soziale Macht wurde also auch durch andere Mittel als Kraft und Aggression erzielt. Nicht alle Forscher teilen diese Sicht, doch unbestritten ist: Frauen besaßen in den frühesten Kulturen einen bedeutenden macht- und kulturtragenden Anteil an der Gesellschaft.

Erhielten diese Kulturen auch das Etikett matriarchalisch, so waren diese Epochen der menschlichen Entwicklung mit unseren heutigen Vorstellungen von weiblich – im Sinne von eher friedfertig – äußerst unzutreffend beschrieben. Es gab auf dieser Kulturstufe Menschenopfer und Kannibalismus. Die Vorstellung vom friedlicheren Temperament der Frauen, wenn sie denn je bestanden hat, muß wohl verworfen werden. Die Mutmaßungen, Frauen besäßen geringere Möglichkeiten aggressiv zu sein, waren stets zweifelhaft.
Nicht erst unsere jüngste Geschichte eröffnet den Frauen institutionelle Führerschaft, sondern bereits am Beginn unserer Kultur besaßen sie einen klaren Anteil an der Steuerung der Gesellschaft. Über wahrscheinlich mehrere Jahrtausende hatte sich so in den frühen Gemeinschaften eine matriarchalische Orientierung herausgebildet. Von der Jägergemeinschaft über den Familienverbund und den Clan bis zu den Anfängen seßhafter Siedlungsgemeinschaft hatte sich dieser Vorrang, wie er aus den Fruchtbarkeitsriten zu erschließen ist, halten können. Mit der Entstehung von größeren Gruppen ging er verloren. Mehr oder weniger feste Staatsgebiete mußten verteidigt werden. Die Macht verschob sich dabei zugunsten der Männer. Gleichzeitig wird die hohe Wertschätzung der Fruchtbarkeit, wie sie in den Frühkulturen bestanden hat, verdrängt und ersetzt durch das Primat von Kraft und Aggression – Krieger und Feldherren bestimmen für mehrere Jahrtausende die Szene.
Diese Vormacht besteht fort, Männer besitzen auch heute noch den größten Teil ökonomischer Macht. Die in der Verfassung verankerte Forderung nach Gleichberechtigung hat daran wenig geändert. Wenn auch das »Neandertalersyndrom« (Gewalt anwenden oder mit Gewalt drohen, um eigene Ziele durchzusetzen) nicht mehr in unsere Zeit zu passen scheint ... es ist nicht ausgestorben. Das Drohen mit Gewalt findet statt, es hat nur subtilere Formen angenommen. Da ist der Ehemann, der mit dröhnender Stimme seinen Mißmut

über das fehlende Gewürz in der Salatsoße herausschreit, oder der Freund, der den Kopf der Freundin anstößt und sein harmlos scheinendes »Na, bist du bald fertig« herauszischelt. Vielleicht ist es nur mittelbar zu erkennen, aber letztlich sind beides Drohgebärden. Man darf sie getrost dem Neandertal-Modell zurechnen, der Präsenz des männlichen Machtanspruchs. Frauen und Männer haben sich an diesen Stil gewöhnt. Das Kollektiv der mächtigen Männer bestimmt. Doch es fragt sich, wie geht es den Mächtigen mit ihrer Macht?

Welche Prozesse spielen sich ab in den Köpfen der Mächtigen? Sind sie glücklich mit ihrer Macht oder einsam? Welche Beziehung haben Mächtige zu ihrer Umwelt? Fühlen sie sich umgeben von Feinden, Sklaven oder Untergebenen?

Wie stark sind sie damit beschäftigt, ihre Macht zu sichern? Wie sehr fürchten sie, von Macht verdrängt zu werden? Wie sehr sind sie auf der Hut vor hinterhältiger Attacke? Welche Rolle spielen Statussymbole beim Erhalt von Macht? Wie groß ist die Furcht, ohne Macht ein »Nichts« zu sein? Kurz: Wieviel Angst haben Mächtige?

Um es vorweg zu sagen, es geht ihnen schlecht! Janice Halper* hat es auf die kurze Formel gebracht: Mächtige begehen emotionalen Selbstmord. Aber es lohnt sich dennoch, die einzelnen Fragen genauer zu beantworten.

Macht bleibt heute immer auf bestimmte Segmente beschränkt. Globale Macht in allen Bereichen des Lebens und über viele Menschen ist sehr selten. Selbst ein Bundeskanzler kann nicht nach Belieben rote Ampeln überfahren oder körperliche Gewalt gegen einen anderen Menschen einsetzen, ohne Konsequenzen zu erwarten. Die Zeiten despotischer Machtfülle sind zu Ende.

Deshalb ist es richtig, die Frage nach den Gefühlen der Mächtigen auf einzelne Segmente auszurichten. Jemand fühlt sich mächtig als Ehemann, Vorgesetzter, Polizist, Dirigent oder

* »Stille Verzweiflung ...«, München 1989.

Vorsitzender eines Kaninchenzüchtervereins. Genauer gesagt, er *kann* sich mächtig fühlen, denn zwingend ist es nicht, die Möglichkeiten der Macht in einer Position auch auszuüben.

Prozesse in den Köpfen der Mächtigen

Machtgefühle werden oft mit Rauschzuständen verglichen. Die Erwartung, mit wenigen Worten große Reaktionen zu bewirken, löst ein Hochgefühl aus. Machtbesessene erleben es als deutlich spürbares Körpergefühl, das mit sexuellen Empfindungen durchaus vergleichbar ist. »Ein Kribbeln lief durch meinen Körper, schöner als jeder Orgasmus«, erklärte ein Feldwebel sein Empfinden, als er seinen ersten Appell kommandierte. 500 Männer führten, auf sein Kommando, die gleiche Beinbewegung aus. Wer keine Beziehung zu Macht hat, kann solche Genüsse nur schwer nachvollziehen.

Sind die Mächtigen glücklich oder einsam mit ihrer Macht?
Daß Menschen, wenn sie Macht ausüben, auf ihre Art glücklich sind, ergibt sich aus den beschriebenen Rauschgefühlen. Spannenderweise werden solche Rauschgefühle selten mit anderen geteilt. Aggression oder Gewalt wird häufiger in Gruppen vollzogen, doch bei Macht ist es anders. Macht ist eine individuelle Erfahrung: »Wir sind mächtig!«, das ist grammatikalisch ein pluralis majestatis, keine Gruppenerfahrung. Macht kann in den Köpfen der Mächtigen nur einer ausüben. Damit wird Einsamkeit zum festen Bestandteil der Macht. Doch während die meisten Menschen Einsamkeiten nur in kleiner Dosierung genießen können, ist es für den Mächtigen ganz anders, zumindest auf den ersten Blick. Der Mächtige erlebt die Einsamkeit als Preis seines Rausches. Und er zahlt ihn gern, denn er spürt, daß Geselligkeit und Macht unverein-

bare Empfindungen sind. (Der machthungrige Vorgesetzte ist nicht nur unter seinen Untergebenen, sondern auch unter Gleichgestellten allein.) Doch wie der Süchtige braucht er ständig seine Droge (die Erfahrung der Macht), um das Rauschgefühl aufrechtzuerhalten, und die Steigerung der Dosis ist notwendig, um den Genuß an der Macht immer wieder neu hervorzuholen. Darüber hinaus muß er den Rausch als Kompensation immer wieder neu beschwören, weil jeder letztendlich die Einsamkeit fürchtet und weiß, daß sie viel länger wirkt als der Rausch.

Welche Beziehung haben Mächtige zu ihrer Umwelt, fühlen sie sich von Untergebenen, Sklaven oder Feinden umgeben?

Daß die Mächtigen einsam sind, wissen viele Menschen, welche Gefühle sie ihrer Umgebung entgegenbringen, ist weniger leicht zu erkennen. Äußerlich umgibt sich Macht mit Distanz und Unnahbarkeit. Als hochmütig und stolz werden Mächtige von Menschen beschrieben, die unter ihnen zu leiden haben. Gefühle wie Unsicherheit oder Angst bleiben dem Zuschauer meist verborgen. Der Mächtige fühlt sich seiner Macht und seiner Position niemals sicher. Er muß wachsam sein, mißtrauisch und schlau. Er rechnet mit einem versteckten Angriff, einer Finte oder offener Rebellion gegen seine Macht. Ausruhen, das kann er nicht. Und genauso wie er erwartet, daß seine Untergebenen gehorchen, genauso befürchtet er auf der anderen Seite, daß sie sich gegen ihn auflehnen. Damit sind alle Personen, in seinem Einflußbereich oder in der Nähe seiner Macht, potentielle Feinde. Doch als Feinde sind sie oft nur schwer zu erkennen. Das ist besonders schlimm und nötigt den Mächtigen, allzeit wachsam zu sein. Es zwingt ihn, wieder und wieder Proben der Unterwerfung zu fordern und Prüfungen der Gefolgschaft zu konstruieren.

»Ich habe immer geträumt, ermordet zu werden«, erklärte mir

ein typischer Haustyrann. Spannenderweise war es nicht seine Frau, die ihn im Traum ermordete, sie hatte sich eher duldend verhalten. Fremde Wesen jagten ihn durch unbekannte Gebiete und trachteten ihm nach dem Leben. Heute weiß er, daß er von sich selbst gejagt wurde: von der Seite in ihm, die Einsamkeit, fortwährende Wachsamkeit und das Mißtrauen gegen alles und jeden nicht mehr ertragen konnte.
So sehr sich Mächtige damit beschäftigen, ihre Macht zu sichern, so sehr fürchten sie, ihrer Macht beraubt zu werden.
Die Furcht des Mächtigen vor Entmachtung ist unvorstellbar groß. Menschen, die sich vor Macht eher fürchten, können kaum ermessen, welche Bedrohung darin liegt. Lars, leitender Ingenieur einer Werkzeugmaschinenfabrik, fuhr regelmäßig an zwei Tagen in der Woche spät am Abend an seiner Firma vorbei. Er wollte sichergehen, daß niemand heimlich seine Unterlagen auf Ungenauigkeit oder Nachlässigkeit prüfte. Der Blick in die unbeleuchteten Fenster entlastete ihn, erst dann ging er beruhigt zu Bett. In seiner Firma herrschte große Konkurrenz zwischen den einzelnen Abteilungen, und Konkurrenz wurde in falsch verstandener Offenheit ausgetragen. Lars hielt sich in Besprechungen selten mit scharfer Kritik zurück, was dem Firmeninhaber imponierte. Doch Lars hielt es durchaus für möglich, daß jemand unter seinen Kollegen Material für Rache und Revanche suchen würde.
Daß der Mächtige seine Umgebung immer als Feind erlebt, ist nur ein kleiner Teil seiner Qual. Machtverlust und Rache sind die Drohungen, die er am meisten fürchtet. Er weiß in seinem Inneren, daß er anderen schadet, und er weiß, daß er aus Furcht, zum Opfer zu werden, selbst zum Täter wurde. Er weiß, daß Niederlage oder Vertriebenwerden sein ganzes Selbstbild zusammenbrechen ließe. Läßt er die Zügel schleifen, läßt er Widerstand zu oder gestattet er einem Nebenbuhler einen kleinen Terraingewinn, befällt den Mächtigen Panik. Sein Stuhl könnte ins Wanken geraten – die schlimmste Bedrohung seines Ichs. Lars hatte sich seelisch in seine Arbeit

verbissen. Sie war zu seinem Lebensinhalt geworden. »Würde ich rausfliegen und müßte irgendeinen anderen blöden Job machen, gäbe ich mir die Kugel.« Sein Leben bestand nur aus seiner Arbeit.

Welche Rolle spielen Statussymbole beim Erhalt von Macht?

Macht braucht Symbole. Heute ebenso wie in der Vergangenheit. Vom Stammeszepter zur Krone, bis zum Dienstmercedes, dem Maßanzug oder dem exklusiven Büro, alles zeigt einen engen Zusammenhang zwischen Macht (oder Machtanspruch) und ihren symbolischen Beigaben.

Fehlen solche Zeichen, muß die Macht stets, wie bei Tieren, neu erkämpft werden. Lars' Teambesprechungen sind dafür ein Beispiel: In ihnen bedeutete ausdiskutieren eine blutige Schlacht auf dem Felde der seelischen Verletzungen. Begriffe wie Unfähigkeit, Schlamperei, Ideenlosigkeit, Führungsschwäche oder mangelnder Einsatz dienten als Waffen. Die Schlacht sollte dem Chef Führungsstärke und Durchsetzungswillen beweisen. Die Verletzungen, die er seinen Kollegen mit diesen Waffen zufügte, waren die Startpositionen für den weiteren Aufstieg.

Symbole verringern den Aufwand an Rangkämpfen und lassen Zeit für anderes. Aber sie enthalten auch ein Risiko: Werden Symbole zerstört, entwertet oder sind mit ihrem Erwerb hohe Kosten verbunden, ist die Macht in Gefahr. Der Mächtige bleibt dauernd gezwungen, für letztlich Wertloses Sorge zu tragen.

Im Tierreich verschafft Macht die besten Nahrungsanteile und die begehrtesten Paarungspartner. Solange Macht ausgeknurrt wird, braucht der Hund sich über Symbole wenig Sorgen zu machen. Für den Menschen, der wesentlich differenziertere Bedürfnisse mit seiner Macht verbindet, wird das Symbol zum Garanten seiner Macht. Die Flagge wird zum Symbol der eigenen Freiheit und ihre erfolgreiche Verteidi-

gung zum Symbol des Sieges, koste diese Verteidigung auch noch so viele Leben.
Die Sorge um Statussymbole kennen nicht nur die Mächtigen. Viele Männer wissen um die Unsinnigkeit ihrer Überbewertung eines Statussymbols, doch sie können ihre selbstgesetzten Ziele, aus Angst ihr Ansehen zu verlieren, nicht verändern. Gleichzeitig wissen sie, daß sie ihren Etat ruinieren und damit neue Probleme hervorbringen, von der Angst, nicht mehr mithalten zu können, ganz zu schweigen.
Gerd, ein Arzt ohne Anstellung, war ein solcher Fall. Er erstellte seine Briefe mit Hilfe eines teuren Computers und fuhr ein Auto, das er sich nicht leisten konnte. Er jobte als Taxifahrer rund um die Uhr, um diesen Wahnsinn zu finanzieren. Wegen nervöser Magenbeschwerden suchte er meinen Rat. In der zweiten Sitzung brach er zusammen. Sein Magen rebellierte gegen das viele Taxifahren. Wenn er seinen Magen retten wollte, müßte er das Taxifahren deutlich einschränken. Dann würde er aber weniger Geld verdienen. Er müßte seinen Wagen verkaufen. Das wäre sein Ende. Seine Freundin würde Schluß machen, sie lege großen Wert auf den Wagen und die Spritztouren, befürchtete er. Er war völlig aufgelöst. Ohne den Wagen wäre er ein Niemand, eine graue Maus, ein arbeitsloser Dummkopf. Weder seinem Studium noch seiner freundlichen Art, die andere an ihm schätzten, maß er Wert bei. Das leblose Blech machte seine Selbsteinschätzung aus. Jetzt rebellierte sein Magen, die Sorgen um sein Image hatten ihn in eine unlösbare Zwickmühle gesteuert: Er mußte viel Taxi fahren, um die Schulden abzutragen, die er für das Auto aufgenommen hatte. Weil er viel Taxi fuhr, hatte er weniger Möglichkeiten, sich um Stellen zu bewerben. Er war immer müde und abgespannt, so hatte er weniger Chancen, in Bewerbungsgesprächen einen guten Eindruck zu machen. Abends fiel er tot ins Bett. Also ergaben sich auch weniger Möglichkeiten, mit seiner Freundin zu reden oder erfreuliche Dinge zu unternehmen. Ein Teufelskreis.

Wie groß ist die Furcht, ohne Macht, ohne Statussymbole ein Niemand zu sein?

Das letzte Beispiel hat es fast vorweggenommen, der Mächtige, seiner Macht beraubt, steht nackt da, zumindest für sich selbst. Der Mensch, der sich über Macht definiert, tut dies umfassend. Er bewertet sein ganzes Leben in solchen Kategorien. Seine Freunde, die selten echte Freunde sind, werden danach ausgesucht und seine Lebensplanung daran gekoppelt. Seine Familie wird in das gleiche Machtschema getaucht, denn hier liegt oft der einzige Bereich, den er neben dem beruflichen dominieren kann. Wird er an einer Stelle seiner Macht beraubt, kämpft er um das Verbleibende um so heftiger. Verliert er auch hier, steht er vor dem Aus.

Der Machthungrige ahnt oder fürchtet, daß seine Fähigkeiten mit seinem Anspruch nicht Schritt halten können: Karl, Beamter, kämpfte um den Verbleib im Vorsitz seines Tennisvereins. Sportlich nicht mehr ganz auf der Höhe, verschaffte ihm der Vorsitz soziale Reputation und Macht. Immerhin verwaltete er einen Jahresetat von mehreren hunderttausend Mark: »Jeder Scheck, der im Namen des Vereins ausgestellt wurde, trägt (auch) meine Unterschrift.« Ganz abgesehen vom Ansehen, das mit diesem Amt verbunden war. »Ich werde mehrmals im Monat in meiner Eigenschaft als Vorsitzender eingeladen. Das macht stolz.« Einen Tag vor der Jahreshauptversammlung berichtete er mir von seinen Sorgen. Seine Wiederwahl war durch einen Gegenkandidaten gefährdet. Er suchte nach einer Strategie, die Kampfabstimmung für sich zu entscheiden. Auf die Frage, was denn geschehe, wenn er verlöre, sah er mich fassungslos an: »Dann bin ich ein einsamer Mann! Glauben Sie, jemand hätte Interesse daran, mich einzuladen oder mich nach meiner Meinung zu fragen – so klug bin ich nicht – eingeladen und gefragt wird der Vorsitzende, nicht Karl S. ...« Im Verlauf des Gesprächs erklärte Karl sein Dilemma noch drastischer: »Soll ich mich abends hinsetzen und von meiner Frau schikanieren lassen? Zu Hause tanzen alle auf meiner Nase herum, genauso im Büro, da kann ich keinen Blumentopf mehr gewinnen, nur dieses Amt gibt meinem Leben überhaupt noch einen Sinn.«

Ich hatte keinen Rat für ihn, denn an seinem derart fixierten Lebensplan ließ er nicht rütteln. Er verabschiedete sich verärgert: »Dann arbeite ich eben mit unfairen Mitteln ...«

Oft brechen Mächtige, die ihre Macht verlieren, völlig zusammen, verlieren ihre Orientierung und treiben, trauernd oder im Koma einer neuen Sucht, durch ihr Leben: Ulf, ein Rechtsanwalt, hatte seine Kanzlei aufgeben müssen, er konnte nicht mehr davon leben. Doch ein gutes Angebot eines Berufsverbandes, als Hausjurist zu arbeiten, hatte er ausgeschlagen: »Das wäre ein Abstieg!« Er nahm seine Ersparnisse, zog nach Mallorca, brachte sein Geld durch und kehrte alkoholsüchtig zu seiner Mutter zurück.

Daß es häufig Männer sind, die sich an Macht berauschen, ist kein Beweis, daß Frauen von solchen Süchten frei sind. Der Mangel an Gelegenheit ist kein Beweis für Tugendhaftigkeit. Frauen können sehr wohl machtlüstern werden, niemand sollte daran zweifeln. Die Auswirkungen gleichen sich bis in letzte Kleinigkeiten. Und wir werden uns damit abfinden müssen, daß machtbesessene Frauen genauso einsam, ängstlich und traurig dastehen wie ihr männliches Pendant. Sie haben den Männern nichts mehr voraus.

Was bringt die Mächtigen dazu, trotzdem an ihrem Machtbedürfnis festzuhalten?

Nach soviel negativen Begleiterscheinungen von Macht stellt sich zwangsläufig die Frage, was jemanden dazu bewegen kann, Macht anzuhäufen.

Eine Antwort darauf fällt schwer. Zu viele Einflußgrößen sind im Spiel, wenn Macht entwickelt und behauptet wird. Drei Gründe stehen nach meiner Erfahrung im Vordergrund, sie bedingen und verstärken sich gegenseitig.

Die Wurzeln aller Machtbedürfnisse liegen in den Konstellationen der eigenen Familie. Die Eltern, die ihren Kindern Macht statt Spielraum für ihre Entwicklung entgegensetzen, legen den Grundstein. Darauf baut sich Rollenunsicherheit oder sogar Rollenangst auf. Gemeint ist die mangelnde Flexibilität, in *verschiedene* Rollen zu wechseln. Der Rollenunsichere klammert sich an einer Rolle fest. Er kann nicht das eine Mal abhängig wie ein Kind sein und das andere Mal fürsorglich wie ein liebender Vater oder eine Mutter. Mal Wissender oder Unwissender, mal Starker oder Schwacher, mal strahlender Held und ein andermal der traurige Verlierer sein. Doch erst diese Flexibilität erlaubt es, sich in den vielen Facetten eines Lebens wirklich zurechtzufinden und sie auszuleben.
Zementiert wird Machthunger durch die zwangsläufige Isolation von anderen Menschen. Lebt oder handelt jemand isoliert, dann trifft er Entscheidungen ohne Rückversicherung. Die Chancen vermindern sich, eigenes Denken und Handeln überprüfen zu lassen. Die Möglichkeit, andere Wege auszuprobieren, wird nachhaltig erschwert. Sind aber die Auswege versperrt, klammert sich der Mächtige um so mehr an sein altes Modell, denn es bot ihm wenigstens die Sicherheit, sich darin auszukennen. Eine Sicherheit, die nicht unterschätzt werden darf: Das bekannte Schlechte löst weniger Unsicherheit aus als das neue Unbekannte.

Männliche Werte zerfallen langsam

Ein Zerfall männlicher Wertvorstellungen hat begonnen, und er kratzt am männlichen Selbstbewußtsein. Genau lassen sich die Stationen des Niedergangs allerdings nur schwer beschreiben, denn viele Veränderungen verlaufen schleichend, fast heimlich, einem versteckten Virus ähnlich, der immer weitere Lebensadern infiziert.

Die Facetten des Wandels spiegeln sich in unseren Gefühlen wider, langsam, ohne äußere Ankündigung. Auf Anhieb könnten wir zum Beispiel das neue Verhältnis zwischen Mann und Frau nicht exakt beschreiben. Was sich verändert hat, bleibt diffus.
Der Wandel wird deutlicher, wenn wir unterscheiden zwischen dem gesprochenen Wort auf der einen Seite und dem, was geschieht, auf der anderen Seite. Denn eine weitere männliche Eigenschaft, das Maulheldentum, verhindert, daß Gefühl und Handlung, also Denken und Sprechen, übereinstimmen. Männer haben heute in Beziehungen deutlich weniger Macht. Doch ein Mann kann seine Patriarchenrolle nach außen oft behaupten, weil viele Frauen ihren Männern diese scheinbare Vormachtstellung gönnen.
Diese Kluft zwischen der behaupteten Machtposition und den realen Verhältnissen läßt sich besser verstehen, wenn wir gefühlsmäßige Veränderungen in einer Gesellschaft oder in uns selbst anschauen.
Gefühle sind immer etwas Gegenwärtiges, es fällt uns schwer, vergangene Gefühle als Gefühl wiederzubeleben. Wir wissen mit unserem Verstand, wir waren zornig, doch den Zorn lange Zeit später wieder zu spüren, das ist viel schwieriger, der Zorn ist verraucht. Wir wissen noch, der Vater hatte früher mehr zu sagen, die Kinder hatten vor Polizisten Angst, und Frauen besaßen nur in der Familie eine akzeptierte Rolle. Doch an unsere Gefühle aus dieser Zeit, an die können wir uns höchstens erinnern. Sie wieder zu erleben, das gelingt fast nie.
Wir erinnern die Lebensweisheiten unserer Eltern, sie predigten Gehorsam oder die Fähigkeit zu dienen. Oder wir erinnern ihre Beschwörungen der Vergangenheit. Sie behaupteten, in ihrer Kindheit wäre alles anders gewesen: sauberer / ordentlicher / braver / strenger / härter . . ., je nachdem, was sie erreichen wollten.
Und selbst wenn es um sehr Belastendes geht, haben wir

Schwierigkeiten, uns zu erinnern. Schmerz, Trauer, Angst und Einsamkeit, die wir als Kinder erlebten, haben wir oft verdrängt. Das eine oder andere markante Erlebnis ist haftengeblieben, doch die Grundstimmung ist uns nur noch verschwommen bewußt. Wir haben die Erinnerung an unsere Vergangenheit abgetrennt von den vielen kleinen und großen Leiden, die wir damals erlebt haben. Der erste Liebeskummer ist fast schon eine Schmunzelgeschichte. Denken wir daran zurück, fühlen wir weder Trauer noch Schmerz. Mit vielen anderen Verletzungen ergeht es uns genauso.
Ähnliches erleben wir in größeren sozialen Zusammenhängen. Wir wissen, daß sich soziale Wertungen in den letzten Jahrzehnten verschoben haben. Doch die Veränderungen unserer Einstellungen sind uns selten bewußt. Eine Ehe ohne Trauschein, früher ein Skandal, heute Normalität; Kinder, außerhalb einer Ehe geboren, sind schon lange keine Bastarde mehr, und ältere Frauen mit jüngeren Partnern werden bald ebenso selbstverständlich sein.
Emotionale Veränderungen sind schwieriger zu beschreiben als zu registrieren. Doch die emotionale Seite unseres Bewußtseins verändert sich häufig zuerst: Wir fühlen uns stark, dann handeln wir selbstbewußt, und ganz zum Schluß können wir auch überzeugend reden. Auch in die entgegengesetzte Richtung beginnen wir mit Gefühlen: Erst fühlen wir uns schwach, dann handeln wir zaghaft, und zum Schluß wird die Stimme leise und ängstlich. Das Gefühl verschiebt sich, bevor wir unser Handeln verändern, und wir handeln anders, oft bevor wir anders reden. Emotional und auf der Handlungsebene hat der Zusammenbruch der männlichen Werte längst stattgefunden, das sprachliche Bewußtmachen aber hat gerade erst begonnen.
Gefühle in Worte fassen ist schwer. Die Veränderung von Gefühlen zu beschreiben, das ist noch ein großes Stück schwieriger. Wie männliche Werte beginnen aufzuweichen, läßt sich an Veränderungen wichtiger sozialer Normen in den

letzten 50 Jahren einfacher beschreiben. Sie zeigen *mittelbar* die Verschiebungen männlicher Werte.

Im Mittelpunkt der Verschiebungen steht die »Entherrlichung der Gewalt«. Sie zeigt den zentralen Wechsel der sozialen Grundannahmen in der zweiten Hälfte dieses Jahrhunderts. Auf vier Ebenen hat diese Veränderung besondere Bedeutung für unsere Frage nach männlicher Angst und der Stärke der Frauen:

- Der Rückgang der Gewalt in der Kindererziehung ist der grundlegendste Fortschritt der Ablehnung von Gewalt. Schläge sind heute ein weitgehend geächteter Weg in der Kindererziehung. Die seelische und körperliche Unversehrtheit eines Kindes wurde in Mitteleuropa in den letzten 40 Jahren fest verankert. Heute steht sie als akzeptierte Norm der Kindererziehung auf sicheren Füßen.
- Die Gewalt als Mittel sozialer Auseinandersetzung ist zurückgegangen. Prügeleien unter Männern sind aus der sozialen Realität fast verschwunden. Zunehmende Gewaltkriminalität oder politisch motivierte Gewalttaten oder der erhebliche Rest von Gewalt in der Ehe dürfen dabei den Blick nicht verstellen: Der heutige soziale Konsens gegen Gewalt ist gut verankert. Die Zahl solcher Delikte ist, verglichen mit der Zeit vor dem Zweiten Weltkrieg, gering.
- Die politische Kultur der Medien hat sich gewandelt. Die Verherrlichung von politisch motivierten Straßenschlachten gehörte bis zum Zweiten Weltkrieg zum normalen Jargon der meist einseitig politisch ausgerichteten Zeitungen. Die Medien akzeptieren heute den Gewaltverzicht nicht nur als Staatsziel, sondern auch als Grenze der eigenen Polemik. Sie trugen damit erheblich zur Ächtung der Gewalt bei.

  Parallel dazu, oder daraus entstanden, hat sich eine deutlich liberalere Gesellschaft entwickelt.
- Vor 50 Jahren war der Begriff Toleranz ein Schimpfwort. Unnachgiebige Härte gegenüber Andersartigen hieß da-

mals die allgemein akzeptierte Losung. Toleranz war ein Synonym für Schwäche. Sogar unsere Toleranz gegenüber Ausländern ist gestiegen. Temporäre Schübe von Ablehnung zeigen die Schatten der Vergangenheit und gleichzeitig die gewandelte soziale Grundeinstellung (Demonstrationen, Arbeitgeberaufrufe, Medienkommentare *für* eine ausländerfreundliche Gesellschaft).

Mit der gewachsenen Toleranz und der vielschichtigen Ächtung von Gewalt hat Aggression als Teil oder Instrument der Kommunikation wesentlich an Bedeutung verloren. Der Wechsel der sozialen Bewertung von Gewalt hatte gravierende Auswirkungen auf das Wertesystem der Männer. In der Vergangenheit galt, Männer entscheiden alle politischen, sozialen und familiären Fragen allein. Und sie festigten diese Vormacht in Gesellschaft und Familie durch Gewalt. Heute gilt: Die Alleinherrschaft der Männer ist beschnitten, zumindest wird sie deutlich in Frage gestellt. Politische Entscheidungen orientieren sich verstärkt an der Mehrheit der Wähler, an Frauen, selbst die leidige Diskussion über den Paragraphen 218 kann diesen Wandel nicht gänzlich aufheben. Auch in der Wirtschaft ist das Potential weiblicher Kompetenz auf dem Vormarsch. Von einem Durchbruch kann allerdings noch nicht gesprochen werden. Frauenförderprogramme stehen hoch im Kurs. Soviel wie heute wurde für Berufsrückkehrerinnen noch nie getan. Die Diskussion über Quotenregelungen in den Parteien spiegelt den gestiegenen Einfluß von Frauen und ist der erste fundamentale Ansatz, um Gleichberechtigung faktisch herbeizuführen.
Der Fortschritt ist eine Schnecke. Diese Verschiebungen verlaufen langsam. Markige Sprüche über Gewalt und Intoleranz sind ein Indiz für die unterschwelligen Nachwirkungen der Vergangenheit. Das System der durch Gewalt stabilisierten Männerherrschaft, auch der Herrschaft von Männern über Männer, kann sich nur allmählich abbauen. Obwohl wir die-

ses System heute äußerst kritisch sehen, liegen die Reste der Unterdrückungsmentalität nur knapp unter der Oberfläche. Auch heute wird der junge Vater ärgerlich, wenn sein Kind etwas angestellt hat oder seinen Wünschen zuwiderhandelt. Versteckte Drohungen klingen mit, wenn die schnelle Anpassung an die Autorität verlangt wird. In der Form hat sich vieles verändert, doch alte Inhalte bleiben lange wirksam. Wir Männer müssen heute mit den Resten unserer Vergangenheit und der Vergangenheit unserer Väter leben. Wahrscheinlich wird es mehr als eine Generation dauern, bis die unterschwellige Gewaltbereitschaft abgeklungen ist.

Die meisten Männer teilen den Anspruch einer weitgehend gewaltfreien Gesellschaft, gleichzeitig sind sie Produkte ihrer Geschichte und der Geschichte ihrer Väter. In ihren Gefühlen und Wünschen ist der Abstand zu Ideen der Vergangenheit, Ideen von gewalttätiger Vormacht, von Einfluß durch Gewalt, leider weitaus geringer. Dieser Bruch zwischen ihrem Anspruch an sich selbst und ihrer inneren seelischen Wirklichkeit ist allenthalben sichtbar. Ausrasten im Umgang mit der Ehefrau oder Kindern ist ein Hinweis auf die Doppelbödigkeit männlichen Gewaltverzichts.

Dennoch können Frauen sicherer sein als je zuvor, daß gegen sie gerichtete Gewalt geächtet ist. Vor Gewalt sicher können sie nicht sein. Doch Fehlverhalten gegen Frauen wird stärker und deutlicher gesellschaftlich und staatlich sanktioniert als vor zwei Jahrzehnten. Vor zwanzig Jahren wurde eine Vergewaltigung ohne sichtbare äußere Zeichen kaum verurteilt. Heute ist sexuelle Belästigung als Tatbestand anerkannt. Bei Gewalttätigkeit ihrer Ehemänner waren Frauen oft gezwungen auszuharren, weil sie keine andere Bleibe hatten. Frauenhäuser und geänderte Rechtsprechungen haben hier ein Teil des Ausgeliefertseins aufgehoben. Doch auch die bloße Drohung mit Gewalt, die Männer gegen Frauen richten, stößt immer häufiger ins Leere. Frauen lassen sich davon weniger einschüchtern. Ihr Selbstbewußtsein ist gestiegen, sie sehen

Wege, sich solchen Drohungen zu widersetzen, und sie finden häufiger sozialen Rückhalt.

Gewalt bildete und bildet eine Grundlage männlicher Werte. Siegen wollen/Macht anstreben/Stärke zeigen – überall ist die Bereitschaft, einem anderen Schaden zuzufügen, indirekt oder direkt, eingeschlossen. Jemanden zum Verlierer machen, heißt immer, ihm auf die eine oder andere Art Gewalt antun. Dieser Teil des männlichen Modells ist noch nicht abgelöst, weder gesellschaftlich noch in den Köpfen der Männer. Im Kern unserer sozialen Veränderung stand die Ächtung der *körperlichen* Gewalt. Sehr lange waren die Gewalttätigen auch die sozial Mächtigen. Gewalt stabilisierte Männermacht, und Männer wurden erzogen, sie zu fordern, sie einzusetzen und durchzusetzen. Die Ächtung subtiler, indirekter Gewalt, so logisch sie auch aus dem Verzicht auf die äußerliche Gewalt hervorgehen mag, ist noch nicht vollzogen, bestenfalls ist sie eingeleitet.

Damit leben Männer in einem Konflikt, in den sie schon als Kind hineingezogen werden: Siegermentalität wird in sie hineingestopft, und die ist gewalttätig. Gleichzeitig aber wird ihnen signalisiert, daß sie diesen Machtanspruch nicht mehr direkt mit Gewalt ansteuern dürfen. Es ist, als würde man einem Boten den Auftrag geben: »Gehe direkt von A nach B, aber laß niemals erkennen, daß du auf dem Weg nach B bist!« Äußerlich sind die negativen männlichen Werte, die mit dem Begriff Gewalt verbunden sind, geächtet, doch innerlich sollen Jungen und Männer die männlichen Ziele – Siegen/Macht haben/Stärke zeigen – weiterverfolgen, eine Konstellation, die verrückt macht.

Erziehung zum Mann bedeutete vor hundert Jahren völlige Unterordnung. Später, erwachsen geworden, sollte der zum Mann gewordene Jüngling selbst der Unterdrücker sein. »Dulde die Aggression gegen dich, identifiziere dich mit ihr, und werde selber zum Aggressor!« so hieß die unausgesprochene Botschaft. Heute lautet sie: »Gewinne, mach' einen anderen zum Verlierer, wende versteckte Gewalt an, aber zeige sie nicht!« Das Prinzip bleibt unangetastet, doch der Weg dorthin ist ein anderer.

Neue Rollen

Das Leben von Männern verlief und verläuft oft auch heute noch in engen Bahnen. Unterdrücker sein oder unterdrückt werden. Damit waren Männerrollen weitgehend beschrieben. Alle Abweichungen galten als schwach, unmännlich oder einfach weibisch. Buntes, Verspieltes, Zärtliches, Weiches, Liebevolles, Trauriges, Gefühlvolles oder Ausgleichendes hatte mit der früheren Männerwelt nichts zu tun.
Je liberaler und freizügiger sich eine Gesellschaft entwickelt, um so vielfältiger und wechselhafter werden die Rollen, die Menschen einnehmen (können). Für Mächtige (also meist Männer) bedeutet dies, neben der Beschneidung ihrer Macht, auch die Not, andere Rollen spielen zu müssen. Wer gewohnt ist, unwidersprochen zu bestimmen, wird erheblich verunsichert, wenn er plötzlich Erklärungen oder Argumente benutzen muß, um seine Vorstellungen durchzubringen. Er tut sich schwer zu diskutieren. Wer gewohnt ist zu dominieren, wird unsicher bei dem Versuch, Absprachen zu treffen und die Erwartungen und Wünsche anderer wirklich zu verstehen und/oder einfließen zu lassen in seine Planungen. Andere zu überzeugen ist schwieriger, als einfach zu bestimmen.
Plötzlich müssen Rollen ausgefüllt werden, für die bisher kein Bedarf bestand. Es fehlt Routine, es fehlt Erfahrung, und damit herrscht Rollenunsicherheit. Wer sich vorstellt, in eine weitgehend unbekannte Rolle gesteckt zu werden (z. B. Geistlicher, Politesse oder Vorstandsvorsitzender), kann ermessen, welch dramatische Verunsicherung in der neuen Rolle liegt.

Wenn Rollen sich verschieben, der Wechsel zwischen verschiedenen Rollen notwendig wird, sind Männer im Hintertreffen. Das Geschlecht, das wenig Erfahrung mit unterschiedlichen Rollen hat, wird durch plötzlichen Zwang zur Flexibilität verunsichert.

Die Männer werden mit diesem Wandel in eine doppelte Zange genommen, sie sind auf viele neue Rollen schlecht vorbereitet, gleichzeitig verlieren sie in vielen kleinen Lebensaspekten ihre Dominanz.

Bisher haben wir grundsätzliche Prinzipien der Lebensgestaltung und Kommunikation beleuchtet. Doch auch vieles Alltägliche verändert sich in unserer Gesellschaft und schwächt die Position von Männern:

- Männer verlieren die Rolle des alleinigen Ernährers
- Männerberufe werden zunehmend auch von Frauen ergriffen
- Frauenrechte werden zu unüberhörbaren Forderungen
- Ungleichgewichte werden angeprangert – mit Konsequenzen. Die Quotendiskussion hat erste Erfolge
- Das Namensrecht enthält keinen Männervorteil mehr
- Die Förderung und Unterstützung der Berufstätigkeit von Müttern ist gesellschaftliches und politisches Thema geworden
- Frauen gehen allein in Kneipen
- Frauen fahren allein in Urlaub
- Frauen treten in eigenen Gruppen auf
- Frauen machen Karriere
- Frauen sorgen für sich selbst
- Frauen leben selbstbewußt allein

Fast jede dieser gesellschaftlichen Veränderungen enthält einen die Männer beschneidenden Anteil. Das ist zwangsläufig, weil sie bisher viele Schlüsselpositionen besetzt hielten: Wenn mehr Frauen in den Bundestag gewählt werden, sinkt der Anteil der Männer. Wenn mehr Frauen arbeiten, sinkt die

Zahl der Männer, die das Familieneinkommen allein verdienen. Wenn Frauen allein reisen, entfällt die Beschützerrolle für einen männlichen Begleiter. Wenn Frauen Karriere machen, wächst ihr Anteil in Führungspositionen.

Diese Verschiebungen berühren männliche Gewohnheitsrechte und damit den praktischen Teil ihres Wertesystems, denn bisher konnten Männer sich darauf verlassen, als Beschützer, Ernährer, Vorgesetzter, Volksvertreter oder Kneipengänger Alleinvertretungsanspruch zu haben. Diese Sicherheit ist verloren. In welchem Maß dieser Verlust Unsicherheiten steigert, läßt sich nur ahnen und ist sicher von Mann zu Mann sehr unterschiedlich.

Auf dem Hintergrund dieses neuen Selbstbewußtseins der Frauen verlieren männliche Drohgebärden zunehmend ihre Wirkung. Eine Drohung löste früher Angst aus und steigerte ungewollt oder gewollt den Selbstwert des Drohenden. Zumindest stützte sie sein Wertesystem. Heute bewirkt sie das Gegenteil, sie wird immer häufiger belächelt und als nicht zeitgemäß übergangen. Die Verunsicherung des Mannes ist zwangsläufig.

Wo ist jetzt seine Domäne? Was kann er Frauen noch bieten? Wozu wird er noch gebraucht? Es gibt nur eine für einen auf seine Rollenmuster fixierten Mann niederschmetternde Antwort: Einen Wert, der sich nur aus seinem Mann-Sein ergibt, hat er nicht mehr. Als Mensch kann er eine wertvolle Bereicherung sein.

Vom Konkurrenzdenken zur Kooperation

Die Verschiebung männlicher Werte zeigt sich auch in einem neuen Stil sozialen Umgangs. Empfindungen werden offener ausgetauscht, wir sind eher bereit, eine andere Meinung zu tolerieren. Selbst in der Wirtschaft, einer absoluten Männerdomäne, kommt Bewegung in den Stil und die Ziele von Verhandlungen.

»Jetzt geht es vorwärts, ich bin sicher!« prophezeite Denise lächelnd ihrem Chef. Sie hatte gerade einem wichtigen Kunden erklärt, daß sie vom Stil der Verhandlung, den sie bis jetzt miteinander praktizierten, wenig hielt. Ihr Chef war über dieses unabgesprochene Vorgehen sehr verärgert: »Gar nichts wird mehr gehen. XY ist unser zentraler Vertriebspartner, so können wir auf keinen Fall mit ihm umspringen, sie werden die Verhandlungen abbrechen, da bin ich sicher!« Denise war Marketing- und Verkaufsleiterin einer Produktionsgemeinschaft von Bioprodukten, und ihr Chef war der Geschäftsführer der Gesellschaft. Sie verhandelten mit einer großen regionalen Einzelhandelsgesellschaft über Preise und die Erweiterung der Zusammenarbeit. Wie kam es zu dieser Kontroverse?

An der Besprechung nahmen fünf Mitarbeiter der Einzelhandelskette teil, der Einkaufsleiter als Verhandlungsführer, der Disponent für Lebensmittel, der zuständige Bereichsleiter der Marketingabteilung und zwei Assistenten. Denise hatte ihnen vorgehalten, ihre Position gegenüber der Vertriebsgesellschaft zu mißbrauchen. Ohne Absprache mit ihrem Chef äußerte sie Kritik an der erpresserischen Art der Verhandlung. Sie kritisierte die dauernde Drohung, zu einem anderen Anbieter zu wechseln, und bemerkte selbstkritisch, daß auch auf ihrer Seite dieser Fehler häufig unterliefe. Doch Drohungen seien der falsche Weg. Beide wären aufeinander angewiesen, der Markt hätte sie zusammengeführt, beide hätten sie den kompetentesten Partner für die Zusammenarbeit ausgesucht. Und jetzt dürfe es nicht wie bei einer Pferdeauktion zugehen, wo der eine seinen Gaul zum Wundertier mit ungeahnten Fähigkeiten hochstilisiert, und der Käufer, obwohl sehr interessiert, kein gutes Haar am Objekt übrig läßt, um den Preis zu drücken.

Am Ende ihres ruhigen und selbstbewußten Plädoyers ent-

stand eine kleine, nervenzehrende Pause, ehe der Einkaufsleiter um eine Pause bat, um sich mit seinen Mitarbeitern zu besprechen.
An dieser Stelle waren Denise und ihr Chef aneinandergeraten. Wäre er nicht von ihren Qualitäten überzeugt gewesen, hätte er ihr wahrscheinlich fristlos gekündigt. So sah er »nur« ihren besten Kunden verschwinden.
Nach knapp zehn Minuten kamen die fünf wieder in den Sitzungsraum. Der Einkaufsleiter lehnte sich in seinem Sessel zurück und sah Denise lange an: »Ihre Forderungen klingen sehr innovativ...«, begann er mit ironischem Unterton und dehnte das Wort innovativ deutlich, »... doch sie sind nicht von der Hand zu weisen!« Das war die Wende!
Die weitere Verhandlung war für beide Seiten höchst befriedigend. An diesem Verhandlungsstil war vieles neu: Denise änderte eine Verhandlungsstrategie ohne Rücksprache, das war ungewöhnlich. Sie kritisierte ihren Kunden, das galt bisher als Fauxpas. Sie tat es nicht aggressiv, sondern emotional und engagiert, das war eine ungewohnte Art zu verhandeln.
Denise spiegelt einen Typ Frau, der in der Wirtschaft zunehmend anzutreffen ist. Vor zwanzig Jahren versuchte eine »Karriere-Frau« (es gab sie damals auch schon), ein »besserer Mann« zu werden, indem sie das männliche Modell von Härte und Konfrontation zu perfektionieren suchte. Heute hat eine Strömung eingesetzt, die zum Wertewandel, mit seinem Abschied von Gewalt, parallel läuft. Oder wie der Seniorchef einer großen Firma es formulierte: »Frauen verhandeln, führen und streiten auf erfrischend neue Weise.«
Wer Einblick in die Verhandlungsstrukturen der Wirtschaft hat, weiß, daß dieser Verhandlungsstil immer mehr an Bedeutung gewinnt. Es sind natürlich nicht immer Frauen, die diese neuen Wege suchen, aber Frauen fällt dieser Weg leichter. Sie steigen tiefer ein in dieses Modell und bewegen sich souveräner in dieser verbindlicheren Art des Verhandelns.

Denise ist sicher eine starke Frau, und ihre Geschichte belegt einen Wertewandel, der besonders deshalb von großer Bedeutung ist, weil er in einer Männerdomäne abläuft. Hier läßt sich zeigen, daß männliche Werte (Siegen, Macht, Stärke) auch für die heutigen Männer in Bewegung geraten sind: Der Geschäftsführer akzeptierte im nachhinein ihr Vorgehen und erkannte an, daß sie effizient verhandelt hatte. Geänderte soziale Spielregeln in einer neuen Gesellschaft beweisen sich in den alten Hochburgen der Tradition männlicher Machtmuster.
Doch den Kern der neuen Werte beschreiben diese Veränderungen noch nicht. Sie sind mehr ein Hinweis darauf, wie stark der Wertewandel ist und wie tief er sich bereits vollzogen hat.
Der große Käfig, in den sich viele Männer gesetzt haben, hat viele Stäbe. Männerrunden kreisen in ihren Gesprächen um Autos, Sport und Beruf. Sehr selten sind Beziehungen zu anderen Menschen Teil ihrer Gespräche, und fast nie steht das Verhältnis der Sprechenden zueinander im Zentrum. Gefühlvolles hat in reinen Männerrunden keinen Platz. Erst in der Gegenwart von Frauen sprechen Männer offener über Freundschaften und persönliche Sorgen. Erst in der Gegenwart von Frauen wagen Männer über Empfindungen und Gefühle einen vorsichtigen Austausch.
Doch die emotionale Führerschaft der Frauen reicht viel weiter. Frauen leisten den größten Teil der sogenannten Beziehungsarbeit. Frauen sind weit überproportional an der Pflege von Freundschaften und Beziehungen beteiligt. Sie treffen Verabredungen, sorgen für einen lockeren Gesprächsfluß, mildern Spannungen. Es sind Frauen, die den Sand aus vielen Beziehungsgetrieben herausbringen oder ihn fernhalten. Männer wissen um diese weiblichen Fähigkeiten. In den langen Zeiten männlicher Vorherrschaft haben sich Männer dieser Fähigkeiten bedient, sie zum eigenen Vorteil eingesetzt. Wachsendes weibliches Selbstbewußtsein hat durch viele sol-

cher Erwartungen mittlerweile einen dicken Strich gezogen. Frauen setzen ihren emotionalen Vorsprung immer deutlicher nach eigenem Gutdünken ein und verweigern den funktionalen Einsatz für männliche Interessen. So wird der freundliche Small talk mit einem Freund des Mannes nur dann gehalten, wenn der Freund auch ihnen sympathisch ist. Der Firmenausflug des Partners spricht SIE nur an, wenn sie selbst Interesse an den Kollegen ihres Mannes haben.
»Setz dich zu uns«, dieser harmlosen Aufforderung, in die oft die Bitte um emotionale weibliche Teilhabe oder Lenkung gekleidet wird, diesem Wunsch kommen Frauen nur noch nach, wenn sie Mitglied dieser Runde sein wollen. Die brachiale Methode von Männern, eine – oder ihre – Frau herbeizuzitieren, diese Variante stößt nur noch sauer auf. Wollen Männer den weiblichen emotionalen Vorsprung nutzen, müssen sie heute in aller Regel darum bitten. Bitten ist nicht ihre starke Seite. Angst vor starken Frauen trifft sie an dieser Stelle besonders heftig.
Oft müssen Frauen erleben, daß Männer sie wegen dieses Vorsprungs anfeinden. In Gruppen geschieht es häufiger, daß ein Mann, der erlebt, wie sehr Frauen emotionale Prozesse in einer Gruppe beeinflussen, sie unter Beschuß nimmt. Sie kritisieren offen den großen Einfluß oder verdeckt irgendeine Aussage, die diese Fähigkeit erkennen läßt. Und manche Männer werfen ihren Frauen das eigene emotionale Defizit vor, machen sie für ihr eigenes Versagen verantwortlich: »Du hättest mich warnen müssen. (Vor einer unbedachten Äußerung)« – »Du kannst das (Spannungen ausbügeln) viel besser als ich, deshalb ist es deine Pflicht, mir zu helfen.« – Andere Sätze kommen seltener über Männerlippen: »Ich brauche dich.« – »Bitte hilf mir.« Solche Sätze ohne männliche Anspruchshaltung sind schwierig, lieber bekämpfen sie auf einem anderen Gebiet eine in diesem Punkt überlegene Partnerin, als von ihr zu lernen.
So kann männlicher Rückzug aus Kommunikation oder Se-

xualität ein Indiz solcher Defizite sein. Demonstratives Desinteresse, intensive Außenkontakte oder ein monotones Beschwören der symbiotischen Ergänzung von Mann und Frau: »Das sind deine Aufgaben, das sind meine Aufgaben«, lassen auf ähnliches schließen.

Die größere emotionale Kompetenz der Frauen hat aber auch eine Kehrseite, weil es ebenso bedeutet, daß man das Gegenteil bewirken kann. Meist etwas Destruktives. Darin, Zwist und Zwietracht zu säen, Konflikte tiefer und schmerzlicher werden zu lassen und sie heftiger auszutragen, liegen Frauen vorn. Diese weiblichen Qualitäten sind für Männer durchaus bedrohlich. Mit oberflächlichen Kontakten können Männer umgehen, doch dem weiblichen Talent, Stimmungen zu vergiften, sind sie ausgeliefert. Ihnen fehlt jedes Instrument, solche Destruktion aufzufangen oder zurückzubiegen. Männer, die sich der eigenen Defizite bewußt sind, erleben Panik, wenn sie sich vorstellen, wie leicht ihre Partnerin das emotionale Geschirr zerschlagen könnte, und ihnen würde jede Reparaturmöglichkeit fehlen.

7
Auswege

Die soziale Duldung von Gewalt ist zurückgegangen, und parallel dazu wurde die kommunikative Kompetenz aufgewertet. In dem Maß, in dem Macht und Androhung von Gewalt ihr gesellschaftliches Gewicht verloren, gewannen die Fähigkeit auszugleichen, Einfühlsamkeit und Toleranz an Bedeutung.

Empfindungen haben in den letzten 150 Jahren eine atemberaubende Umwertung erfahren. Gefühle wurden wissenschaftlich betrachtet und damit ernstergenommen. Die Psyche wurde logisch gesehen. Die historischen Meilensteine: Vor 150 Jahren wurde das Universitätsfach Psychologie geschaffen, Freuds Studien sind knapp 100 Jahre alt, den Diplom-Psychologen mit eigenständigem akademischem Abschluß gibt es seit 50 Jahren. Hier wird deutlich, welchen Wandel die Wertschätzung von Gefühlen in den Jahrzehnten erfahren hat, vom Teilgebiet der Philosophie zum selbständigen Beruf.

Frauen wird die größere Nähe zu Gefühlen nachgesagt, sie werden als empfindsam besungen oder als hysterisch verschrien. Im geschlechterübergreifenden Konsens wird ihnen bestätigt, gefühlvoller und sensibler zu sein. Frauen wird eine größere Nähe zu menschlichen, sprich mitfühlenden, Regungen zugesprochen. Frauen sind die Vorreiter der Bewegung für mehr Gefühl. Und Männer folgen ihnen zunehmend.

Wenn heute Sportler oder Politiker zulassen, bei Tränen der Rührung gefilmt zu werden oder wenn darüber berichtet wird, dann ist etwas in Bewegung geraten. Der Rückblick schafft Klarheit über den Wandel. Männertränen waren lange Zeit ein Tabu. Bestenfalls beim Tod eines nahestehenden Menschen waren sie erlaubt. Doch heute ist es immerhin denkbar, daß die Aufforderung »wein' dich erst mal aus« auch einem Mann gegenüber geäußert wird und er dabei nicht mal sein Gesicht verliert.

Auswege aus dem Dilemma der Männer mit ihrer Angst vor den starken Frauen lassen sich nicht aus dem Ärmel schütteln. Angst wird durch Mitgefühl oder duldendes Verständnis von Frauen nicht aufgehoben. Männer haben nur so lange Angst, wie sie Frauen für eine Bedrohung ihrer Vormacht halten. Verzichten Männer auf diese Vormacht, wird die Frau zu ihrer Verbündeten.

Faktisch gibt es keinen Grund, Frauen zu fürchten. Die Furcht der Männer ist ein Eigentor. Sie schießen es, weil sie aus ihrem Männerbild Empfindsames, Verletzliches und ihr Anlehnungsbedürfnis ausklammern. Männer haben nur eine Möglichkeit. Sie müssen beginnen, ihre Gefühle ehrlicher wahrzunehmen und offener zu ihnen zu stehen. Nur auf diesem – zugegeben – schmalen Pfad werden Männer ihre Form der Gleichberechtigung erreichen.

In den vergangenen Jahren sind einige Bücher erschienen, die männliche Rollendefinitionen vornahmen, die, gewollt oder ungewollt, vieles gemein hatten mit den Machoallüren tradierter Männerbilder. Kamen sie auch sanfter und abgeklärter daher, so vertraten sie im Kern doch die Vorstellung, die Emanzipation der Frauen habe weiche Männer (etwas Schlechtes) hervorgebracht, die ihre Männlichkeit versteckten oder leugneten.

In diesen Büchern wird direkt oder indirekt die Erziehung des Jünglings durch den Mann gefordert. Männerzirkel sollen den Knaben eine männliche (sprich härtere) Lebensform vermitteln. Die faktische Trennung von Frauen und die damit symbolisch vollzogene Trennung des Mannes von seiner weichen Seite wird direkt oder indirekt propagiert. Begegnung und Miteinander der Geschlechter wird (wieder) zur Ausnahme und in einen engen funktionalen Rahmen gezwängt. Dieser Weg ist eine Sackgasse.

Männer werden noch lange von Frauen lernen müssen, die Anforderungen eines offenen Miteinanders zu erfüllen. Unsere hochvernetzte Gesellschaft wird langfristig allein dadurch bestehen können, daß alle, Männer und Frauen, subtile Spezialisten des Ausgleichs, des Verständnisses und der Suche nach gemeinsamen Vorteilen sind. Das ist keine Utopie. Nicht die Forderung nach einer heilen Welt, sondern die Fortschreibung des Wissens, daß unsere Welt zusammenwächst, daß nur kooperative Ansätze, bestenfalls kompetitive Strukturen den Wohlstand einer Gesellschaft gewährleisten können.

Das alte Männerbild und seine auf Konflikt, Konfrontation, Macht, Überlegenheit, Unterordnung und Unterwerfung gerichteten Modelle sind Jahrtausende alt und modrig. Um es deutlich zu formulieren, eine weiche, eher matriarchalische gesellschaftliche Orientierung wäre der sicherste Weg in das dritte Jahrtausend unserer Zivilisation.

Männer wissen um ihre Defizite, und sie wissen, wie schwer es ihnen fallen wird, wirklich neue Wege zu beschreiten. Sie erkennen ihre eigene Trägheit und ihre heimlichen Nöte. Zwanzig, dreißig oder vierzig Jahre Leben, mit allen Prägungen und Erfahrungen, lassen sich nicht einfach überstreichen.

Der Abschied der Männer von ihrer falschverstandenen Männlichkeit wird uns in den nächsten zwanzig Jahren beschäftigen. Männer müssen den Schritt wagen, offen und erklärtermaßen, von Frauen lernen zu wollen. Männer müssen den Schritt wagen, ihre emotionale Innenwelt nach außen zu bringen.

Sie werden ertragen müssen, daß sie manchmal hilflos wie kleine Lämmer herumstaken. Sie werden aushalten müssen, daß sie erst dann erkennen, welche Überlegenheit Frauen wirklich besitzen. Sie werden akzeptieren müssen, daß es sie sehr viel Zeit und unendliche Geduld mit sich selbst kosten wird, diese Veränderungen voranzutreiben.

Männlichkeit wird eine neue Bewertung erfahren. Es wäre vermessen, heute zu behaupten, zu wissen, wie diese Männlichkeit genau aussehen wird. Dennoch wage ich eine Prognose:

Die neuen Männer werden häuslicher sein. Familie (nicht unbedingt Ehe) und Beziehungen werden erheblich an Stellenwert gewinnen. Männliche Freizeitbeschäftigung wird sich deutlich um meditative, weniger kampfbetonte Beschäftigungen erweitern. So könnte das Tanzen stärker in den Vordergrund treten oder dem Yoga ähnliche Sportarten. Firmen werden sehr viel mehr Aufwand als heute betreiben, Paaren einen gemeinsamen Arbeitsrhythmus, vielleicht sogar einen gemeinsamen Arbeitsplatz zu ermöglichen.

Männer und Frauen werden sich in ihrer Emotionalität aufeinander zu bewegen. Frauen werden es stärker genießen, Einfluß zu besitzen, Männer werden es genießen, emotionaler zu leben.

Die unterschiedlichen Ebenen, auf denen beide Geschlechter Freude oder Sexualität verarbeiten, werden in einer auf beiden Seiten angstfreien Begegnung zur gegenseitigen Ergänzung. Die Empfindungen des Partners werden als bereichernd erfahren, und der stetige Rollenwechsel zwischen Aktivität und Passivität wird ein tieferes Verständnis für den jeweils anderen ermöglichen.

Der Weg dorthin ist weit.